JN215984

大人がいつも子どもに寄り添い、

子どもに学ぶ！

「みんなの学校」流 自ら学ぶ子の育て方

大阪市立大空小学校　初代校長
木村泰子著

はじめに

映画「みんなの学校」を通して、全国の方に知っていただけるようになった大空小学校（以下、大空）は、2006年に新設された大阪市立の小学校です。私はこの大空の校長として、開校時から9年間を過ごしました。大空は、「すべての子どもの学習権を保障する」を学校の理念とし、すべての子どもの学ぶ権利を保障してきました。

大空ではこの理念のもと、教師は地域の人や保護者とともに、子どもたちに「4つの力」を育てることを目指しています。4つの力とは、「人を大切にする力」「自分の考えを持つ力」「自分を表現する力」「チャレンジする力」です。その一方で、子どもたちにも必ず守るべき、大空のたった一つの約束があります。それは、「自分がされていやなことは、人にしない、言わない」です。

このように、つける力や子どもたちの約束を明確にした上で、大人も子どももともに学んでいます。私たち教師はもちろん、保護者も地域の大人も子どもたちとともに学び合うのです。週に1回、大人も子どももともに正解のないテーマについて考える「全校道徳」はもちろんのこと、日々の授業にも保護者や地域の人が参加し、学んでいきます。そうやって、性別や年令はもちろんのこと、障害の有無や家庭の事情等に関わりなく、みんなが学び合える学校をつくってきました。

その結果、小さなトラブルは日々起こりますが、いじめはなく、不登校の子どもも一人もいない学校をつくることができたのです。そればかりか、他の学校で不登校になっていたのだけれど、噂を聞きつけて大空に転校し、毎日学校に通って元気に卒業していった子どもたちもたくさんいます。

ある子は、転校してきた理由として、「たった一つの約束があるから、オレでもなんとか学校に行けそうやから」と言っていました。その子も小さなトラブルに巻き込まれることはありましたが、友達や教師や地域の人と関わりながら学び合い、元気に巣立っていきました。

そうした姿は、「みんなの学校」という映画を通して多くの方々に知っていただくことになりました。その中での子どもたちの姿が口伝てに広がり、映画館での上映が終わって1年以上が経過した今も、全国各地で自主上映会が開かれています。その回数は2015年の春以降、1年間で600回に上りました。その場で、私は多くの先生方から学校における現実を聞くにつけ、日本の学校を変えていくために、そして教育を変えていくために何かしなければならないと思うようになりました。その思いをこの本にまとめたつもりです。

私は2015年の春に大空の校長として教職を退職するまで、再任用期間も含めて40数年間で、他の学校の実践について善し悪しを口にしたことはありません。それは一つには、保護者や地域の人とともに徹底して子どもたちと関わり、ともに学び合うという目の前の仕事が忙しく、他の学校の実態に関心を払うだけの余裕がなかったからです。

ただ、多くの学校における教育に問題があることに気がついていなかったわけではありません。実際に他校で学校に通うことができなくなり、大空に転校してきて、卒業していった子どもが何人もいたわけですから。しかし、それを声高に言うことによって、大空の学校経営に対して悪意をもち、妨害をする人が出てくることに対する危惧がなかったかと言えば、それは嘘になってしまいます。

しかし、学校教育が抱えた問題によって、今も学ぶ権利を奪われる子どもが生まれ続けているという現実を知るにつけ、私が言うべきことを言っていかないといけないという強い思いに駆られています。あまりにも、子どもが学ぶということが真剣に考えられていないからです。２０１７年に改訂される、学習指導要領をつくるための議論の中で、「主体的で対話的な深い学び」が学校教育に必要だと言われています。その理念は素晴らしいものだと思いますが、今のままで本当に「主体的」な学び、「対話的」な学び、「深い」学びが実現できる学校がどれだけあるでしょうか。

それは何も学校だけ、教師だけの問題ではありません。学校教育が抱えている問題は、そのまま学校を含む社会全体が抱える問題でもあり、家庭教育にも同じような問題があると思います。ただし、学校の教師は仕事として子どもの学びに対する責任をもっているわけですから、責任が大きいことは間違いないのです。

そこで、学校教育について私が大空で行ってきたこと、体験したことを交えながら、本当に子どもが主体的に学び、育っていく学校はどのようにつくっていけばよいか、私の考えをお話ししたいと思います。

それは学校教育の在り方を通して、本当に子どもが学び育つとはどういうことかを、保護者の方にも子どもを見守り育てる地域の方にも、考えていただくためのきっかけになってくれれば嬉しいと思っています。さらに言えば、それがすべての子どもたちの笑顔と、「主体的で対話的な深い学び」につながってくれることを願っています。

木村泰子

「みんなの学校」流 自ら学ぶ子の育て方

大人がいつも子どもに寄り添い、子どもに学ぶ！

CONTENTS

第3章 全教師が全児童と関わる「学年経営」「学校経営」のすすめ……83

CONTENTS

第1章

子どもに常に寄り添い、「子どもに学ぶ」ことの大切さ

私は、大空小学校（以下、大空）の教師たちに、常に「子どもに学ぶ」ことが大切だと言ってきました。しかし、教師という職業についてしまった人には、それが分かりにくいようです。もしかしたら、それは教師に限らず、あらゆる大人に当てはまることなのではないかと思います。

多くの教師は、学校は「子どもが学ぶ」ところで、自分たちの仕事は子どもを教えることだと思っていて、常にどう教えるかを考えています。けれども、自分の授業がどうだったのか、自分たちの教育がどうだったのかは、学んだ子どもの姿という事実からしか評価することができません。だからこそ、教師は子どもの姿を丁寧に見とり、その事実からどのように授業をつくっていけばよいかを学ぶ、つまり「子どもに学ぶ」ことが必要なのです。

けれども、多くの教師は子どものことが分からなかったら、「自分が教える」

ことばかりを考えてしまいます。ただいくら考えてみたところで、それはその子にとって分からない教え方なのかもしれません。それは少しだけ視点を変え、言葉を少し変えるだけで実現するものかもしれません。もっと具体的に言えば、それは言葉を図や式に変えてみれば分かるのかもしれません。そうしたことも、子どもの事実から教師が学んでいくことが必要なのです。

それ以前に、これからの教育に求められる「主体的で対話的な深い学び」は、ただ教師が教えることによって実現することは難しいのです。子どもが主体的に学ぶとはどういうことか、どんな時に主体的になれるのかは、やはり子どもの事実に学ばなければ分かりません。「対話的」な学びや「深い」学びについても同じことです。すべて、学ぶ子どもの事実から出発しなければ、実現はできないものです。

子ども一人ひとりの生活経験が違うから、学び方も違う

私がこう言うのには、何も難しい理論があるわけではありません。すべて自分自身が考えてトライし、失敗した経験から学んだことがベースになっています。

正直言えば、私自身、若い頃には子どもを伸ばすため、スパルタ式の指導をしたこともありました。体育を専門としてきたので、今では絶対にしない笛の号令による整列や、隊列を組んだ行進などの指導も相当に上手なほうだと自負しています。今にしてみれば、まったく自慢にはなりませんが。

しかし、どんなに教師が必死になって指導しても、最終的には子ども自身が主体的に学ぶ気になってくれなければ何も変わりません。強い命令による指導、力

による指導は、必ずその力がなくなれば元に戻ってしまいます。子どもは空気を読むのが上手ですから、厳しい指導者がいる間はその命令に従っていますが、いなくなればまたいなかった時のようになってしまうのです。それと同じように、どんな授業名人の教師であっても、学び方（学ばせ方）が教師の中に隠しもたれていて、その教師の言う通りに動けば学べるというのでは、その教師がいないところで子ども自身は一人で学ぶことはできません。それははたして、公立学校で行うべき教育なのでしょうか？　一方、子ども自身が「なぜそうするのか」という意味を理解して自ら学べば、一度定着したものはなかなか剥落しません。あるいは、学び方までも子どもが身につければ、教師はいなくなっても一人で学ぶことができるのです。子どもが本当に学ぶ意味を理解し、あるいは学び方までを身につけて自ら学ぶようになるまでには時間がかかるかもしれません。ただし、いったん身につければ、それは一生、その子の中で生きて働く力となるのです。

ただし、その学び方は一人ひとり違います。一つの学級に30人の子どもがいれば、30通りの学び方があります。300人の子どもがいる学校なら300通りの学び方があるのです。似たような学び方をしているように見えても、学びの背景となる生活経験が一人ひとり違いますから、よく見てみると学び方も一人ひとり違うのです。だからこそ、教師は子どもの姿を丁寧に見とって、その子の事実から自分がどう関わっていけばよいかを学び取っていく必要があるのです。

子どもに歩み寄って自分を変えれば、相手も変わる

けれども、教師はつい子どもという相手は未熟な存在だから、相手を変えてや

ろうと考えます。教師は子どもに教える専門家だと思っているから、教えること、相手を変えることばかりを考えてしまうのです。それは教師だけではないはずです。おそらく、多くの大人も無意識に子どもを変え、自分の考え方に沿うようにしようとしていると思います。

しかし、考えてみてください。相手を変えようと思ったら、自分が変わらなければなりません。それは人と人が関わる上での基本でしょう？　それは相手が大人であっても子どもであっても同じ、極めて当たり前のことです。

少し話がそれるように見えるかもしれませんが、個人的な話を例にしてみましょう。私は校長を退職するまで、仕事をしながら主婦として毎日、家事もしていました。それまで夫は自ら家事を進んでするような人ではなかったのですが、私もそれを当たり前だと思って、家事をやってきました。

現在は「みんなの学校」という映画のおかげで、全国各地に呼んでいただき、その地域の教育の話を聞き、私の体験をお話ししています。そうすると、どうしても時間的に家事ができない時も出てきます。そのような状況になったら、夫も家事を自分がやるのが当然だとばかりにやってくれています。それ自体はありがたいことなのですが、いったん家事をやり始めると、夫なりのやり方ができ、それに変にこだわってするのです。ゴミの分け方にしても、こういう分別があるから家の中でもこう分ける、というようにこだわるわけです。そして、これはここ、これはあっちと決めていくわけです。ゴミぐらい家の中でどこにどう放っておいても、最後に分別して出せば同じだと思うのですが、それを決めて厳密にやっているのです。

そこで私も忙しさにかまけて「そんなん、どこでもええやん。最後に分けて出せば」と言うと、夫は「それは違う。俺がやる以上はこうせなあかん」となるわけです。しかし私が「それではあかんな」と思って、「こう分けるんやったっけ?」と夫の分け方に合わせると、「そうや。疲れてるやろにありがとな」となるわけです。こちらが相手のやり方、考え方に歩み寄って自分を変えることで、相手も自分の状況を理解してくれようと歩み寄ってくれるわけですね。これは何も大人同士だけの問題ではありません。子どもにもちゃんと思いやプライドもあるのですから、子どもと関わる時もまったく違いはないのです。

教師は子どもの言動をつぶさに見とって、感じ取っていくことが大切

まあ、家庭内の問題は他者に迷惑をかける話ではありませんし、感情もからん

できますから、一方が変わらなくても、もう一方が納得すれば済む部分もあるでしょう。

しかし、学校での教師の言動となればそれは話が別です。仕事として給料が発生している以上は、「それがなかなか変わられへんねん」ではすみません。だから私は大空の教師に、「自分を変えんと、人は変わらへんで」と言ってきました。

はっきり言えば、私はそれができなかったら子どもは育てられないと思います。「先生、俺らに『挨拶せぇ！』って言うけど、自分ら挨拶せぇへんやない」と言われたら、どう答えるのでしょうか。「それは子どもであるお前らが学ぶことで、大人の自分はええねん」で通用するわけはありません。まず子どもの姿を丁寧に見とりながら、自分を変えていくこと。これが大事です。

また、子どもは好きな大人の言うことは放っておいても聞いてくれるし、放っておいても真似をするものです。そして、好きな大人の言うことしか聞かないというのは、誰にも奪われない子どもの権利です。

子どもは安心していられる、楽しく過ごせる空間や時間をつくってくれる大人の言うことは命令されなくても聞くのです。だからこそ、教育に関わる者は、好きな大人の言うことしか聞かない子どもの、「好き」の意味を解釈しなければいけないのです。

ただ甘やかしてくれるから好きなのか、毎日の授業が驚きに満ちていて楽しいから好きなのか、それとも、前の学校では受け入れられなかった個性の強い自分も他の子と同じように受け入れてくれるから好きなのか。教師は子どもの言動をつぶさに見とって、感じ取っていくことが大切です。それをもとにして、自分の授業を、自分たちの教育を常に見直していくわけですね。

教師は子どもに「なぜ?」「どうして?」と問い返していけばよい

しかし、残念ながらそんなふうに考える教師はあまり多くいません。それは、学校の教育に関して学校で唯一責任をとることができる校長にしてもそうです。

実は最近、講演に呼ばれたところで、こんな話を聞きました。私を講演に招いてくださったある方が話してくれたのですが、その方が自分の住む地域の校長に「みんなの学校」のよさを語り、学校の子どもたちにも見てほしいから、校内で上映会を行おうと提案したのだそうです。

そうすると、その校長はそれは絶対に困ると言ったそうです。その理由が、その小学校のある子どもからの校長への言葉だったそうです。実は、親と一緒に映

画館で「みんなの学校」を見たその子は校長に対して、「校長先生も、『みんなの学校』の校長先生みたいになって」と言ったのだそうです。だから困るというのが、その校長の考えでした。

しかし、これは教育のプロとしては大きな間違いです。その子は何も木村のようになれと言っているわけではありません。会ったこともない木村の人格すべてが分かるわけではないのですから。映画の中にある私の言動のどこかに、その子が好きになれる部分があったのでしょう。あるいは、言動から私のある思いを感じ取って、そこを好きになったのかもしれません。

だから、その校長はその子に対して、「そうなの？　その校長先生のどこがよかったの？」「どんなところを真似してほしいの？」と聞くだけでよかったのです。そうすれば、「あのね…」とその子はその子なりの言葉で伝えようとしたでしょう。

教師はそんなふうに、「なぜ？」「どうして？」と問い返していけばよいのです。もちろんプロとして子どもを見とることは大事ですし、その力も求められるのですが、分からないことは素直に問うことが大事です。それは、子ども自身に自分なりの言葉で表現する機会をつくることになりますし、何より分からないことは素直に聞く姿勢を見せることにもなります。

子どもに学ぶことを忘れて、大失敗！

偉そうに言ってはいますが、私自身が常にそれができているかと言うと、決してそんなことはありません。実際に校長になってからも、子どもに学ぶことを忘れて大失敗をしたことは何度もあります。

映画にも登場するキョウシロウのクラスで、私が授業をした時のことです。担任は毎日、授業づくりに頑張ってはいるけれども、今一つ伸び悩んでいたこともあり、授業とはこういうものだ、というものを見せようという思いもありました。その授業は国語で、物語文を読み取り、そこで読み取った登場人物の心情の変化を読みに生かすというものです。教師なら分かると思いますが、全員で音読をし、授業の中では登場人物の心情の変化を読み取り、その読み取りをもとに授業の最後に再度音読をし、その変化から自己評価をしていくわけです。

その日は、手前味噌ながら心情の読み取りまで、非常に子どもたちが食いついて前向きに学習ができていました。日頃はなかなか集中し続けることのできないキョウシロウも積極的に発言をし、楽しそうに学習に取り組んでいました。そのため、授業をしていた私自身もつい嬉しくなり、いざ音読するという時に「じゃあ、みんなで順番に音読をしてみよう」と言ったのです。

通常の私ならば決してそんなことは言いません。人前で発言するのが得意な子もいれば、キョウシロウのように苦手な子もいます。だから、音読したい子たちに音読をさせ、その時に音読はしなかったけれども、どうしても聞いてみたいなと思っていた子には、個別に当たって聞いてみたりするのです。

ところが、この日はキョウシロウも楽しそうに学んでいるし、「今日なら音読できるんちゃうかな」と思ったために、「順番に」と言ったわけです。もちろん、一段落すべてを一人で読むなどという無理なことを言ったわけではありません。一人一文ずつ読むだけです。今日のキョウシロウなら、この量ならと思ったのです。

そして、一人ひとり順番に読んでいきます。どの子の音読も、前段での心情の読み取りが生きたすばらしいものでした。そうやって、一人一文読んでは座り、読んでは座りを繰り返し、キョウシロウの2人前の子が読み始めた時、耐えきれなくなったキョウシロウは、ガタッと立ち上がり、ピューッと教室から逃げ出してしまったのです。「あぁ〜、やっぱりな」という子どもたちの声が教室に響きました。クラスの子たちはみんな、きっとキョウシロウが耐えられなくなるだろうと思っていたのです。「『やっぱりな』って言うんやったら、なんで教えてくれへんかったん」と、思わず私も言ってしまいました。

日頃ならば、「キョウシロウちゃん、どうする？　一人ずつ読んでみる？　それともみんなで読もうか？」と聞いていたはずです。しかし、その日の様子を見てキョウシロウも音読できるのではないかと思ってしまったわけです。そもそも心情の読み取りをもとにした音読の変容を自己評価に返していくというねらいならば、全員で読んでもよかったし、班ごとの複数で読んでもよかったでしょう。

しかし、ついついうまくいった自分自身の授業に溺れて、子どもに学ぶことを忘れてしまっていたわけです。もちろん、この機会を契機に次は頑張ってみようと思うようになる子がいないわけではありません。しかし心に傷を残して、かえって音読嫌い、国語嫌いにしてしまう場合も少なくないため、気をつけなければならないのです。

素直に間違いを認め、ふり返れば、失敗も大きな学びになる

自分自身の言葉に対するこだわりが、子どもを見る目を曇らせてしまい、周囲の教員たちから大笑いされたこともあります。

やはり映画にも登場するマサキは、口で表現するのが苦手で、つい手が出てしまう子です。いつも、反省して「もうやらない」と宣言するのですが、それが重なり、マサキ自身も自分に対して自信がなくなり、嫌気がさしてきている時がありました。そこで私は、「このままやったら、他の子にも迷惑をかけるし、今度やってしもたら、大空を出て行こか。その時は校長先生も一緒にやめるわ」と言い、

マサキも二度と手を出さないと約束をしたのです。

そんな時、クラスの中でセイシロウが他の子と言い合いになり、つい手を出そうとしたことがありました。その時、たまたまセイシロウの後ろにいたマサキは、セイシロウの肩をつかんでそれを止めたのです。すると、急に後ろから止められたセイシロウは驚き、「マサキに手を出された。暴力をされた」と言い出したのです。

おそらく、言い合っていた友達に向かっていた感情を急に制止されたために、その矛先が「手を出して」止めたマサキに向かったのでしょう。感情の高ぶりが抑えられないセイシロウは、「マサキに暴力された。これは職員室に言いに行かなあかん」と言って、教室を出て職員室に向かって歩き出しました。それを同じ教室の中で見ていた担当の教師は、私とマサキの約束も知っていますから、急いで先回りをし、「これからセイシロウがマサキに暴力を振るわれたと言いに来ますが、それはセイシロウの勘違いです」と伝えてくれました。

やがて職員室にセイシロウがやってきます。そして「マサキに暴力を振るわれた」と私に訴えました。そこで、事実を知っているなどということはおくびにも出さず、いいも悪いも言わず、「なんで?」「それはどうして?」とセイシロウに問い返して、セイシロウから事実関係を聞き出していきました。すると、自分に起こった事実を思い返しながら、セイシロウは突然「あっ」と言って立ち上がったのです。「マサキは止めてくれただけやった。これはえらいことしてしもた。マサキに謝らなあかん」と言って、ピューッと職員室を出ていったのです。

実はその一部始終をマサキが職員室の中で見ていました。事の成り行きが気になったマサキは、セイシロウの後をついて職員室に来ていたのですが、たまたま私の死角に座っていたために、私は気づかなかったのです。そして事の成り行きを見定めたマサキは私に向かって、「校長先生って、洗脳師みたいやな！」と言ったのです。私は驚き、愕然としました。洗脳というのは、私の最も忌み嫌うところであり、教育に携わるものが最もしてはならないことです。そこで周囲にいた大空の教職員たちに、「私、洗脳してるみたいやった？」と聞いたのですが、そうしたら教職員たちは大笑いするわけです。「校長先生、マサキがどういう意味で『洗脳師』って言うたか、分からへんのですか？」と。

そして、よい悪いという価値判断はせず、事実関係を引き出しながら、事実に気づかせた私に対する賛辞が、マサキの中では「洗脳師」という言葉になっているだけだと言うのです。その後、実際に本人に聞いてみると、決して悪い意味で言っているのではないことが分かりました。

「洗脳」というのは、おそらく日頃やっているゲームか何かの中で出てきた言葉なのでしょう。そうした、その子の日常も含めた背景を見ずに、私がつい「洗脳」という嫌いな言葉に過剰に反応したために、子どもの意図することを見失ってしまっていたわけです。

子どもに学ぶと言いながら、私自身もそのように何度も間違いや失敗をしています。しかし、そんな失敗も、素直に間違いを認め、どうすればよかったのかをふり返れば、それは大きな学びになるのです。

教師と職員も対等な大人 外に開く前に、まず内で開く

子どもたちから学ぶのは、何も教師だけではありません。学校は事務職員や給

食を担当する職員、学校の管理を担当する職員等、職種の違う人間の集まりです。そうした教職員すべてが一人の大人として、子どもたちと関わりながら学んでいくのです。

「みんなの学校」をご覧になった方は、教室を飛び出したセイシロウを追いかけていた職員がいたことを覚えていらっしゃるのではないでしょうか。彼、ヨシトは学校の環境整備をしてくれている管理作業員です。映画の中で、セイシロウはヨシトが追いかけてくると、逃げるのを止めています。それは、セイシロウがヨシトのことを本当に信頼しているからです。実はセイシロウが4年生で大空に入ってきて、すぐに信頼し、安心できる存在になったのは管理作業員のヨシトだったのです。セイシロウはヨシトとの関わりをきっかけにして、次第に大空の多くの大人と関われるようになってきました。しかしその一方で、ヨシトもセイシロウとの関わりを通して、子どもへの関わり方、仕事に対する姿勢が変わってきたのです。

大空では、毎年5月に遠足があります。もちろん4年生で大空に入ってきたセイシロウも学校に通う以上は遠足に行きます。しかしセイシロウの場合は、前の学校では一度も遠足に行っていませんから、4年生の春の遠足が小学校で初めての遠足だったのです。しかも、学校に長く通っておらず、ずっと家の中にいたため体力も心配で、何よりセイシロウ自身も不安を感じていました。そんな時、最初に安心できる存在になったヨシトが一緒なら遠足に行けると、セイシロウが言い出しました。しかし、管理作業員は外に出る職員としての資格がありません。校外へ出ると身分保障ができないのです。でも、セイシロウはヨシトが一緒なら出かけられると言います。

そこで考えた末、ヨシトは年休をとり、一人のボランティアとして遠足に参加することにしてくれました。「ヨシトと一緒なら遠足に行きます」とセイシロウは喜びます。しかしそれまで何年も学校に通っていないのですから、遠足に行って、みんなと一緒に歩く自信はありません。学校に通っていなかったため4年生としての体力はないわけですから。そこで、遠足での奈良駅から奈良公園までの道のりを、みんなと同じように何か所か回って歩いてからお弁当にするのではなく、奈良駅からお弁当の場所まで直行する形をとることにしたのです。

しかし、それだけの距離でも、お弁当や水筒の入ったリュックを背負って歩くのは、セイシロウにとってはとても大変なのです。それでも、なんとか歩いて奈良公園にたどり着こうと頑張っていました。しかし、とうとう耐えられなくなったセイシロウは、突然止まり、リュックを道の脇に置くと、「リュックさん、リュックさんごめんなさい。僕はあなたを背負って歩くだけの体力がありません。僕はあなたを置いていきます」と言ってリュックを置いたまま、また歩き始めたのです。ヨシトは大事なお弁当や水筒を置いてでも、なんとか奈良公園まで歩いていこうとするセイシロウの姿に心を大きく動かされたそうです。それからヨシトの働く姿勢、子どもへの関わり方が大きく変わっていきました。

実はセイシロウと出会うまでと、それ以降のヨシトの働く姿勢は全く違います。それ以前は、管理作業員は門を開けて作業をしていたらよいというような考え方で、淡々と与えられた仕事をこなしていました。実は心の中には、「子どもに関わりたい」という思いはあったのですが、以前勤務していた学校で管理職や教師から、「あんたは子どもたちに関わらなくてええ」と、教師とは対等な立場でないということを言われてきたため、そんな姿勢が身についてしまっていたようです。

ただ心の中には違う思いが残っていたのでしょう。一緒に仕事をし始めて間もないヨシトから、「新聞を持って校長先生に届けるのが管理作業員の仕事ですか?」と言われたことがあります。「あんたがせんでも、読みたかったら自分で取りに行くからええよ」と私は答えましたが、そんなことばかりやらされ、教師とは別に扱われることにずっと疑問を持っていたのでしょう。

セイシロウのその姿を見て以降、ヨシトの教師との関わり方、働く姿勢は大きく変わり、子どもたちとも積極的に関わってくれるようになりました。特に気になる子と関わるヨシトの姿勢は、非常に素晴らしいものでした。実際、すでに退職した指導力の高いベテラン教師は、「気になる子がヨシトの側にいたら、自分は安心して他の仕事ができる」と話していました。そのヨシトの関わり方から大空の教師たちはたくさんのことを学んだのです。

その後は、地域を回って地域と学校をつなぐ学校のパイプ役は、管理作業員の仕事になりました。それ以降、管理作業員に入る情報はとても重要で、大きな学校の力になっています。

大空は人と人の対等な関係が成立しないと成り立たない学校です。それは地域の人に対する以前に学校の中でもそうなのです。学校は外に向けて開いていく前に、まず学校の内で開かなければなりません。例えば、図工で電動ノコギリの歯が折れたりする時、安心して授業が続けられるのは管理作業員のおかげです。それは他の職員の仕事でも同じです。それをすべての教職員が理解し、同じ大空の大人として対等な関係で関わっていられる。だからこそ、子どもたちも自分とは違う友達の中で、安心して対等な関係で関われるのです。

しかし、まだ多くの学校の中には教師が先生様になってしまっているところがあります。それでは本当に「みんなの学校」をつくっていくことはできません。外に開く前にまず内で開く。それがとても大事なことなのです。

子どもも地域の人も教師も互いに学び合っていく学校

大空には、ＯＺＯＲＡ塾という地域の方がやっている子どもたちのための塾があります。それは地域コーディネーターの方々が企画し、大空の卒業生たちが大空に帰ってきた時の居場所をつくるため、高校生になった子たちが5年生の子を対象にして教える塾です。大空の空気を吸って育った先輩から勉強を教えてもらえるので、ＯＺＯＲＡ塾で学ぶ子どもたちも「勉強大好き」と言います。なんとこの塾から、嬉しい知らせが届きました。映画にも出ているカズキが高校生になって、この4月にOZORA塾の講師として戻ってきたのです。

カズキは難しい家庭に育ったため、親はいるけれども家庭がない状況で、今は児童養護施設からOZORA塾に通って後輩の子どもたちを教えてくれています。勉強の内容を教えるという部分では、十分ではないところもあるでしょう。しかし、最初は丸つけから入って、一生懸命関わってく

れているというのです。そのカズキの姿を地域の人たちはもちろん、当時を知る教師たちも本当に嬉しく、心強く思っています。そういう私自身も本当に本当に嬉しく思っています。

今のカズキの姿は、地域の人たちが彼を優しく包んでいなかったら、おそらくはなかったことでしょう。児童養護施設で、毎年子どもたちにとっているアンケートの中に、「あなたには信じられる人がいますか?」という項目があるのですが、大半の子が「いない」と答える中、カズキは「大空の人」と書いているそうです。まさに地域の方たちがいてくれたからこそ今のカズキがある。特にクボタさんがいてくださったからこそ、今のカズキがあるのだと私は思います。

映画にも出てくるクボタさんのご夫婦はカズキの第二の親です。クボタさんご夫婦は、毎朝カズキの地域の子どもたちを連れて学校に来てくれていたことから関わりを持ち始めました。カズキは、毎朝すんなり学校に来られるような家の子ではありません。カズキの親は、自分以外はみんな敵だと思っていたので、誰かが迎えに行ったからといって、すんなり出てこられるわけではないのです。しかしクボタさんご夫婦は毎朝カズキを迎えに行って、一緒に登校してくださっていました。夜は夜で、親に手を上げられたりしてはいないだろうかと心配し、毎晩カズキの家の前まで散歩に行っていたのです。もちろん週末も家の中で落ち着いて過ごせるような家庭ではありません。そこでクボタさんご夫婦は毎週末、ふれあいファーム（学校農場）の手入れをしてくださりながら、そこでカズキと関わり、やがてそこがカズキの週末の安心できる居場所になっていきました。止むに止まれず問題を起こしてしまった時も、クボタさんご夫婦がカズキを庇ってくれたのです。そんな関わりがあったため、やがてカズキの親もクボタさんご夫婦だけは信頼をするようになっていきました。

クボタさんご夫婦は、ボランティアとはこうあるものだというものを、心の底に持っている方たちです。もともとは大空が開校した年度の終わりに、クボタさんのご主人が定年退職されたことが、学校に関わるようになったきっかけでした。それまでも、ボランティアをしたいという思いを持っていたそうですが、ご主人のリタイアを機に、ご夫婦で大空に関わるようになったのです。そして、常に地域の子どもたちのために何ができるかという目を持って、今も関わり続けてくれています。

こんなふうに書くと、立派な大人がただ恵まれない子どもたちに無償の愛を注いでいる話のように聞こえるかもしれません。しかしクボタさんは、「カズキやカズキのような子たちがいるからこそ、やることがある」と言います。そして「こんな厳しい環境の中でこの子らはよく頑張ってんな。私らも頑張らなあかんな」とも話していました。クボタさんご夫婦も子どもたちからいろんなものを得て、学んでいたのです。子どもたちが、与えられた厳しい環境の中でもなんとか前に向かって進もうとする姿の中から学び、それを自分たちの力に変えて、また子どもたちに返していこうとしていたのです。

だからこそ、学校には耳に痛いことも言ってくれます。教職員が子どもたちに対して配慮が足らない言動をしたら、それを指摘してくださいます。体育館の窓を閉め忘れていたら、「あそこの窓は高くて閉められなかったけど、不用心やから気をつけなあかんよ」と声をかけてくれます。それは「大空のため」にしているのではないのでしょう。大空の子どもたちのため、そして、その子たちから得られる学びや喜びがあるからこそ続けてくださっているのだと思います。

そんな地域の人たちと関わり、学び、カズキもちょっと人に手を差し伸べる側に立ってくれた。その姿に、大空の人たちも私も心を動かされるし、そこからまた学ぶのです。

もちろん子どもたちは言うまでもなく、私たち教職員もそんな地域の人からも多くのことを学んでいくのです。

第2章

「子どものトラブル」が生かされる、本当の学びづくり

大空には、やり直しの部屋があります。それは校長室なのですが、子どもたちは「自分がされていやなことはしない、言わない」という「たった一つの約束」を破ったら、必ず校長室を訪れて、何がどう間違っていたのか、それをどう解決するのかを自ら宣言し、また自分の居場所へと帰っていくのです。この時、宣言をする相手は校長である必要はありません。教師でも職員でも、たまたま学校訪問をしに来ていた方でもかまわないのです（実際そういうこともあって、子どもにやり直しの宣言をされて驚いた方もいました）。ただなぜ約束を破ってしまったのか、どうすれば繰り返さずに済むかを自ら考え、やり直しの部屋にいる人に宣言すればよいのです。

実はこういう取り組みを行うことになった、一つのきっかけがあります。それは、ある子が同じクラスの子の消しゴムを取ったことでした。その子は友達の珍しい消しゴムが欲しくて、つい取ってしまったのです。そんなことは学校という場ではよく起こることで、決して珍しいことではありません。その時の状況から考えて、取ったのはその子だということが担任には分かっていました。そこで、取ってしまった子が自ら言い出せるように仕向けたのですが、正直に言いません。さらに当人に「正直に言いなさい」と言うのですが、決して正直には言いませんでした。

そこで、私が「どうしたの？」「何があったの？」とその子に聞きました。よい悪いの価値判断は一切口にしません。ただ事実として何が起こったのか、丁寧に聞いていくだけです。すると、その子はつい欲しくなって取ってしまったことを正直に言い出しました。その後、気になった教師が、なぜ担任には言えなくて校長である木村には言えたのかを尋ねたところ、「だって校長先生は最後まで一緒にいてくれるもん」と言ったのでした。

実はその子自身の中にも、やってしまった間違いをやり直したいという気持ちはあったのです。しかし、ただ善悪の価値判断をされて叱られるだけでは、そのやり直しはできません。そうではなく、問題がなぜ起こったのかをふり返り、事の成り行きを最後まで見届けてくれる大人が一緒にいてくれるならば、子どもは自力でやり直すことができるし、そうしたいのです。

説教や指導自体が目的の大人には、子どもは決して正直には言わない

少し言葉を変えてみましょう。先の例で、担任が「正直に言いなさい」と言っても正直に言わなかったのは、言えば「叱られる」からです。「正直に言いなさい」

という言葉には、すでに言外に価値判断が含まれています。「(悪いことをしたということを)正直に言いなさい」という意味で、その価値判断を子どもは敏感に察知します。そして、「正直に言う」と「叱られる」ので「困る」。さらに、きっと「親に言われる」。すると、「親からまた叱られる」ので「困る」。つまり、「正直なことを言う」＝「困る」から言わないわけです。だからこそ、説教とか指導をすること自体が目的になってしまっている大人には、子どもは決して自分のしてしまった失敗や間違いを正直には言いません。

それがもし、「正直に言ったら楽になる」のだったら、子どもは進んで言うと思いませんか？ 「正直に言う」「自分で間違いをふり返る」「改善方法を自分で示す」「守ることを約束する」。これらの修正が主体的にできるのならば、認められる。それならば、子どもは自ら自分の失敗をふり返り、修正方法を示すでしょう。「最後まで一緒にいてくれるもん」という言葉には、この自己修正の過程を見届けてくれる、という思いが込められていたのだと私は思います。

こうしたことから、大空では「たった一つの約束」を守れなかった子は、自ら考え、やり直しの部屋を訪れ、修正方法を自分で宣言することを始めたのです。実際にやり直しをした後の子どもの姿を見た人から言われたのですが、その時の子どもはまるでよいことでもしたかのように、「ドヤ顔」で校長室を出ていくのです。「自分でやり直しができた」という自信に満ち溢れた顔をしているわけですね。そして、そこで宣言したことに対し、子どもは自ら責任を負う。だからこそ、子どもは次に生かすことのできる学びができているわけです。

もちろん1回宣言したからと言って、2度と同じ間違いを起こさないということはありません。何度も繰り返すことだってあります。しかし、そのたびに教師は学びのプロとして、子どものやり直しに付き合っていくわけです。

「やり直し」とは、失敗や間違いを学びに変えていく取り組み

ところが大人が価値判断を押し付けると、たとえ叱られて謝ったとしても、本当の学びにはなかなかつながっていきません。悪いことをする、叱られる、謝る。悪いことをする、叱られる、謝る。こればかりを繰り返していると、悪いことをしてもただ謝ればよいという間違った理解をする危険性があります。それがなぜ悪いのか、どうすれば同じ間違いをしないで済むかを考えるのではなく、謝り方だけを覚えたりするのです。あるいは、悪いことをしてもバレなければ謝らなくても済むと考え、ただ悪いことをしても知らないと、ウソをつき通す子に育つ危

険性もあります。

悪いことをした子が「やっていない」とウソをつき通すということは、それに関わった大人としては失敗を失敗体験のまま残してしまうことになります。それはただ謝ることだけを覚えてしまった場合も同じです。そうではなく、きちんと失敗を修正し、同じ間違いを起こさないようにする学びにしていくことが大切でしょう。大空で行っている「やり直し」とは、まさにこの失敗や間違いを学びに変えていく取り組みなのです。

よく考えてみてください。一生間違いを起こさない人がいるでしょうか。それは子どもの時だけでなく、大人になってからでも人は間違いを起こしてしまうものでしょう。人が生きていくと、必ず失敗や間違いは起こります。特に経験したことのないことに出合えば、それは仕方のないことです。つまり初めてのことに出合う機会が多い子どもは、必ず失敗をするものなのです。だからこそ失敗を起こさないようにするのではなく、失敗からしっかりと学んで、繰り返さないようにしていくことこそが大事なのです。

ビジネスの世界でも、ユーザーからのクレームこそが事業改善のチャンスと言われたりするそうですが、まさに同じ考え方です。失敗こそが学びのチャンスなのです。そして、失敗から学ぶことができると分かれば、人は失敗を恐れずにチャレンジすることができます。大空で子どもたちにつける4つの力の中に、「チャレンジする力」がありますが、まさに失敗は学びに変えられると分かるならば、人は失敗を恐れずに「チャレンジする力」を身につけることができるのです。

私は、教職員でも保護者でも地域の大人でも、そんな失敗を学びに変える関わりができれば素晴らしいと思います。子どもたちの失敗に出合った時、「何があったの？」「それはどうして？」と事実だけを引き出し、子どもたちが学ぶための手助けをするわけです。それは何も一朝一夕でできるようにはならないかもしれません。でも、なんの心配も必要ありません。大人も子どもと同じように、失敗を積み重ねながら学べばよいのですから。

早くいじめを発見して、子どもたちがやり直していけるようにすることが重要

そう考えてみると、今の学校には、本当の意味での学びがあるのだろうかという気がしてきます。子どもたちが間違わないような授業、トラブルが起きないような学校行事、保護者のクレームが来ない学校をつくろうとしています。それは学校の教師にとっても精神的負担が大きく、しんどいものだし、子どもたちにとっ

ても学ぶことが少ない学校なのではないでしょうか。

先にも言いましたが、人が生きる場所では、必ず失敗もトラブルも起こります。それにも関わらず、トラブルが起こらないようにするという考え方からスタートしたら苦しくなるのは当たり前です。学校という場所の教室という狭い場所に子どもたちを押し込んでいたら、少しくらいのケンカやいじめは起きるもの。それにも関わらず「いじめゼロ」を掲げ、学校現場に強いる教育委員会があるのには疑問を感じます。

もちろん何を「いじめ」と呼ぶかという線引きもあるでしょう。しかし、先にも言いましたが、人が生きていれば必ず問題は起こります。多様な人間が一つの場所に集められれば、ケンカやいじめのような問題は起こるものです。だからこそ、それをゼロにするというのではなく、早くいじめを発見して、そこから子どもたちがやり直していけるようにすることこそが重要です。同じ間違いを起こさないように自ら考える機会をつくればよいのです。そうやって、早期にいじめを見つけ、学びに変えていけるならば、必ず問題になるような、いわゆる「いじめ」は起こらなくなります。

実際に大空では多様なトラブルは日々起こりますが、いじめはありませんし、不登校もゼロなのです。分かりやすく言い換えるならば、子どもたちが学んでいった結果として、いじめがなくなってきたわけです。

教育委員会から言われたことでも、校長が必要ないと判断するものはやらない

それに対し、今、学校を指導する立場の教育委員会は、最初からいじめをなくすことを目的にしたりしています。だから、文部科学省の調査でも「いじめゼロ」とウソをつく。ウソをつかなければならないから、学校現場も問題に薄々気づいていても見て見ぬフリをする。その結果、子どもの命が左右されるような重大な問題が起こるのです。そしていったん問題が起こり、文部科学省から「本当にこの数値は正しいのか?」と問われると、一気に何倍にも数値が跳ね上がるようなおかしなことが起こります。これは教育を通して学んだ結果として起こるであろうことを、最初から目的にしてしまうことによる間違いです。

例えば、大阪は全国学力調査の結果が悪く、それが問題視されました。そのため、教育委員会は全国学力調査の過去問題を子どもたちにやらせるように言っていました。そして、実際に使ったかどうかを調査していたのです。しかし、文部科学省は全国学力調査の問題そのものを一律にやらせるようなことなど、推奨したことは一度もなかったはずです。調査問題が問う力を理解した上で、授業でその力をつける方法を考えてほしいと言っていたはずです。そのため全国学力調査の問題を使いながら、授業にどう落とし込んでいけば子どもたちが学べるか、詳細な資料まで毎年作成していたのですから。

しかし、教育委員会は学力調査の結果が上がるという、結果として起こるべきことを目的にしてしまうから、短絡的に「一律に全国学力調査の過去問題をやれ」ということになるわけです。こんなことで本質的な学ぶ力がつくわけがありません。

この一事からも分かるとは思いますが、私は教育委員会から言われたことでも（法律や条例で示されていることは別ですが）、必要ないと判断するものはやらないようにしていました。求めるのが結果なら、結果として示せばよいのですから。

実際に大空では、全国学力調査問題を一律にやらせるようなことはしていませんでしたが、結果は全国平均を上回っていましたし、思考力を問うB問題では秋田県の平均も上回っていたのです。

子どもが必要感を感じて、探し、考え、得たものは必ず残っていく

私は、この学力調査結果という一事だけで言うつもりはありませんが、実は教

科学習にしても、学びの入り口は子どもの失敗や困り感に寄り添うことだと思います。どんな学びでも時間が許す限り、子どもに自由にやらせたらよいのです。やっていて困ったら、子どもは必ず誰かに助けを求めます。その時に手を差し伸べればよい。

そこで教師からヒントをもらって、子ども自身が自分で気づくことができれば、必ず頭の中に残っていきます。それは教師である必要もありません。友達からだってよいのです。必要感を感じて、探し、考え、得たものは必ず残っていくし、それはまた別の場面でも使える力になっていきます。

けれども、多くの教師はなんの必要感も感じていないものを「これは大事だから覚えなさい」と言いながら、暑苦しく教えてきます。暑苦しいから、子どもはその場から逃避しようとするのです。中学校などでは、子どもが逃げないように、

「これは入試に出るぞ」と脅し文句で覚えさせようとするわけです。もちろん大人の意図を読むことが得意な子は、それで「これは覚えなあかんことなんやな」と思って覚えるでしょう。しかし、学ぶ意味が分からないと覚えられない子は、「こんな学校に行きたくはない」と言うようになるのです。

こんなふうに偉そうに言っていますが、大空の教職員がみんな、子どもたちが学ぶ意味を理解し、主体的に学ぶような授業をしていたかと言うと、そんなことはありません。教育技術という意味では、非常に未熟な部分も多かったと思います。それでも、全国学力調査の結果で思考力の高さが目立っているのは、失敗やトラブルから学ぶ姿勢があるからだと思います。そして、その時に発達障害の子など、多様な個性を持った子たちと関わりながら学んでいることが、とても大きな意味を持っているのだと思います。

子どもを分けることありきではなく、最初からともに学ぶことが大切

冒頭でも触れましたが、大空は発達障害や愛着障害など、多様な個性を持った子も同じ教室で一緒に学び合っています。そのため、私の在任中も非常に多くの教育関係者がインクルーシブ教育の実践例として見に来られました。しかし、大空の教職員の反応は、「インクルーシブって、なんですか？」というようなものでした。それは大空で、「インクルーシブ教育をやろう」と言ったことが一度もなかったからです。目の前に３００人の子がいたら、その子たちはみんな大空の子どもたちであり、３００通りの学びがあるということだけを考えていたのです。

ところが視察に来た人たちは、「障害のある子が何人いて、ない子が何人いる。

そのうち、自閉症スペクトラム（ＡＳＤ）は何名で、ＡＤＨＤは何名、ＬＤは何名。その子たちが一緒に学んでいる」という意識で見ていました。その意識の違いだけで彼らに見えていた景色は、私たち大空の教師が見ていたものとは全然違っていたと思います。

私は、今ある特別支援教育の知見すべてを否定するつもりはありません。しかし、今あるインクルーシブ教育という言葉には、どうしても子どもたちをあるくくりと別のくくりに分けておいて、それを一緒にするというイメージがあるように思え、好きになれません。実際に就学時前健診で障害のレッテルを貼られ、特別支援学級に行くように言われる子がいるわけですから、そうした思いは拭えないのです。

私はそのようにまず分けることありきではなく、最初からともに学ぶことが大切だと思います。実際、大空にはＡＳＤやＡＤＨＤの子がたくさん通っており、毎日一緒に学んでいます。その中のある子は、別の学校に入学してＡＤＨＤと診断され、ずっと薬を飲んでいました。実は本人は薬を飲むことが好きではなかったのですが、薬を飲めば学校を休んでよいと言われるから、飲んで学校を休み続けていたのです。

彼が薬を飲んでいた理由は、実はひどいいじめを受けていたからで、学校を休む理由が欲しかったから飲んでいたのです。薬を飲んでいる子に対して、医者も「登校刺激をしてはいけない」と言うので、学校は連絡もせず、そのままその子を4年間放置しました。結局、本当の原因は誰にも気づかれないままです。

その子が6年生になる時、自ら望んで大空にやってきました。登校していない間、あり余る時間を使って、全大阪市立小学校約３００校のホームページを全部読み、「たった一つの約束」がある大空なら自分も通えそうだと考え、６年生の４月から大空に登校するようになりました。もちろん、長い間同年代の子どもと関わっていなかったので、友達とトラブルになることもありました。しかし、大空ではトラブルこそが学びの機会です。何度も校長室を訪れ、やり直しをしながら同級生の子どもたちとともに元気に巣立っていきました。病気以外では一日も休むことなく。

私たちが「あの子はＡＤＨＤだから…」という目でその子を見ていたかというと、そういうことは全くありません。ただその子の学び方、その子の考え方、その子の個性を見とって関わろうとしただけなのです。当然、同じ学年の子どもたちも他の学年の子どもたちも同じです。問題を起こすこともあるけれど、そういう個性の子だと捉えていたのです。

授業中、おんぶ紐で背負われていたタク

私自身が、子どもをあるくくりに分けるのではなく、最初から一緒に学ぶべきだと考えるようになった原点が、今から30年ほど前にあります。まだ私も30代で今から考えれば未熟な教師であった頃の、一人の子どもとの出会いです。

その年、3年生で初めて担任した子どもたちの中に、みんなが静かに座っている時、突然教室から飛び出してしまうタクという愛称の子がいたのです。私はそれまでそんな強烈な個性をもった子に出会ったことがなかったので、当初は面食らいました。周囲の子どもたちは、「1、2年生の時には、タクは学校へ来てへんかった」と言っており、教室から排除されたままになっていた子だったのです。

タクは両親とも家を出ていってしまい、祖母に育てられている子でした。ですから、今なら「育児放棄による愛着障害で、ＡＤＨＤと似たような行動をとり…」などと説明されるのかもしれません。しかし、当時の私にはそんなことは全く分からず、当初はただその強烈な個性に圧倒されていました。

ところが、そんなタクも遊んでいる時、私が手をつないでいる時だけは飛び出すことなく教室にいられたのです。それで一安心しても、また算数や国語の授業になると絶対に教室を出ていってしまいます。しかし、タクを追いかけていたのでは授業になりません。かと言って、放っておくこともできません。

そこで、私はなんとかタクが教室で一緒に勉強できる方法はないかと考えました。そして、当時子育て中だった私が使っていたおんぶ紐を使い、タクをおんぶしながら授業をすることにしたのです。今なら、タクが教室にいたくなるようなソフト面の方法を周囲の子どもたちと一緒に考えるでしょう。しかし、当時の私はそんなことは思いつかず、とにかくタクが教室の中にいる状態で授業ができれば安心、という発想で、おんぶ紐を使うことにしたのです。

実際にやってみると、タクはものすごく喜んで、ずっと私に背負われていました。ただ背中に背負っていると表情が見えませんから、どうしているのか気になります。そこで授業中に、「タクはどうしてる?」とクラスの子たちに聞きます。すると、「気持ちよう寝てるわ~」と返ってくる。あるいは「よだれ垂らしてんで~」ということもあるので、「あかん、あかん。誰か拭いて」と言って、前のほうの席の子にタオルを渡して拭いてもらう。そんなことをしながら、日々授業の中でタクの話が出ない、ということがなくなったのです。

そのうちにクラスの誰かが、「もう背負わなくてもタク逃げへんのちゃう?」

と言い出しました。そこで実際に下ろしてみると、確かにタクは逃げません。それればかりか、周囲の子たちがおんぶ紐の代わりをしてくれるようになったのです。私が頼んだわけでもないのに、「タク、ここ座れ」とか「分からんとこあったら、教えたろ」と声をかけてくれます。言われたタク自身も嬉しそうにしています。周囲の子どもたちも「あれほど逃げてたタクが、なんで逃げへんのやろ」「きっと一緒にいて楽しいんやな」などと話していました。

実は逃げていたタクは教室の中にいて安心できていなかっただけだったこと、みんなと関われて安心し楽しくなったことを、子どもたちが感じ、気づいたのです。そしてタク自身も、そのままみんなと一緒に元気に4年間を過ごし、中学校へと進学していきました。今でも、タクは同級生の子たちと地域の仲間として関わっています。当時の私には養護教育も障害児教育もなんの知識もありませんでしたが、そのおんぶ紐を通して、同じ教室で一緒に時間を過ごし、一緒に学ぶことの大切さを学んだのです。

私は、現在ある特別支援教育の知見すべてを否定するつもりはありません。しかし、まず分けることありきといった考え方には断固反対です。

私が退職した現在も大空では、発達障害の子も愛着障害の子も、多様な個性を持った子どもたちが同じ学級でともに学んでいます。多様な個性を持った子どもたちが一緒に学べば、当然トラブルも起こります。しかし、それを学びに変えればよいというのは先にも説明した通りです。一人でも排除して、「この子は特別支援学級で学びます。他の子はこの学級の子です」と言うのでは、公立学校ではないでしょう。どの子も30人の中の一人というところからスタートする。そして、その子の個性を互いに認め合いながら、互いが過ごしやすい環境をつくっていく。

そのことが大切だと思います。

教師が子どもを育てる上での基本的な姿勢は「透明人間」

しかし、子どもが学ぶことの本質を考えていないと、支援という名の差別や、支援という名の学びの邪魔が横行することになりかねません。

今、学校には特別支援教育支援員や支援担当の教諭が配置されています。しかし、こうした人たちの中には、矯正の意識が強く、落ち着きのない子の姿勢を正すことばかりをしたがる人がいます。支援担当という役割になれば、発達障害と診断された子やそうだと考えられる子の側について、「席に着きなさい」「姿勢を正しなさい」「鉛筆を持ちなさい」と、ぎゃんぎゃんうるさく言うわけです。

そのためにその子は精神的に首を絞められている状態で、次第に学ぶ意欲を失っていき、さらに周囲からも隔絶されていくのです。周囲の子も「あいつは変なヤツやから、あれ（支援員）があいつの先生でついてるんや」と言うようになる。それがその子にとっての学ぶ機会を奪うことになるにも関わらず、支援員はその子にぎゃんぎゃん言うことで自分自身の存在が確かめられるから、止めようとはしないのです。

ですから大空では、「支援担当が目指すのは透明人間やで！」といつも言っていました。自分が子どもの側に行かなくてもいいような指導を、どれだけできるかが支援員の仕事だからです。ずっとついていて、言い続けることではありません。それでは支援員がいる時はよいけれども、いなければ自らは何も進んでできない子を育てていくことになってしまいます。だから、透明人間を目指すのです。

ちなみにそれは支援担当だけでなく、教職員が子どもを育てる上での基本的な姿勢だと思っています。

障害というのは強い個性で、簡単に直すことはできないものです。ですから、支援担当はその子を理解して、周囲とどれだけ関われるようになるかを支援していくことが仕事なのです。具体的には、発達障害で困っている子に対して「ちゃんとしなさい」と言うのではなく、周囲の子に「あの子、なんで困ってるんやろな？」と問いかけるのです。そうすると、「こうだからちゃうかな？」と、その子を日頃から見ている子たちは答えます。そうしたら、「それやったら、どうしたらええやろな?」と問い返してみると、「こうしたら、ええんちゃうかな」と、また周囲の子たちがその子と関わろうとします。そういう働きかけをすれば、その子が生きやすい関係をつくる、生きやすい社会をつくることになるのです。この過程はまさに子どもに学ぶことでもありますね。

繰り返しになりますが、支援担当は困っている子を矯正するという考え方ではなく、その子が周りとつないでいける関係をつくる。そのために周りとどこまで関われるようにするかを考え、周りにアプローチをしていくことが大切でしょう。

多様な子どもたちが一緒にいる空気を吸い続けることが重要

先にも説明した通り、「みんないつも一緒にいて当たり前やろ?」というのが、私の考え方です。特別支援学級があってそこに入ってしまうと、発達障害の子は最初から違う学級の子になってしまいます。特別支援学級の子は通常学級の子ではなく、特別支援教育の子なのです。それは強い差別と偏見を子どもに植え付けていることになります。ここからスタートしていることは大きな間違いだ、と私は思います。

本来みんな一緒にいるのが当たり前で、その子が困るなら、困らないような周囲の環境をつくるというのは教育として、ごく当たり前の支援です。重要なのは、必要な時に必要な学びの場があればよいということ、それだけです。だから、発達障害の子も通常学級の子として学び、必要に応じて支援が受けられるようにすればよい。特別支援教育の基本的な考え方は、本来そういうものなのではないでしょうか。

また今後グローバル化が進み、より多様になっていく社会の中で生きて働く力を育てる必要があるということからも、多様な子どもたちがいる社会を学校内につくることは必要です。発達障害と呼ばれるような強い個性を持った子がいる環境の中で、教科の力も含め、今持っている力を使って試していく場がなければ、本当に生きて働く力は育ちません。

それにも関わらず、分けることからスタートするのは、単なる効率の追求からくるものではないでしょうか。そしてマニュアルがなければ、仕事のできない教師が増えているからではないかと思ってしまいます。そして、「この子は発達障害と診断されているので、別の学級で学びます」と、さも当たり前のように言うわけです。しかし、それは大きな人権侵害であるとともに、他の子どもたちにとっても、学びの機会を奪うことになるというのは、先にも説明した通りです。

私は、頭で考えないで体で感じる時期に多様な子どものいる環境で学ぶことが人には絶対に必要だと思います。子どもが最初に入る集団は、幼稚園や保育園でしょう。園の時代には発達障害の子であろうが、車椅子の子だろうが、なんだろうが体で感じて関係を築いていきます。例えば、障害で歩けない子がいたら、「歩かれへんの?」「うん、歩かれへんの」「ほな押したろか?」「うん、押して」と言い、車椅子を押す。これが自然な関係づくりです。それは発達障害であっても何も変わりません。

ところが、小学校に入学し、「勉強」をする場に入るなり、その関係が分断されるのです。しかし、何度でも繰り返しますが、1年生から6年生までの小学校時代に、多様な子どもたちが一緒にいる空気を吸い続けることが重要です。そうして多様な空気をいっぱい吸って、社会には多様な人がいること、その自分とは違う個性を持った人と関わっていく方法を自然に体に染み込ませていくのです。その多様な空気を持った学校の中でいっぱいチャレンジして、いっぱい失敗して、いっぱいやり直しをするからこそ、多様な社会でも通用する力が育っていくのです。

その小学校時代に子どもを分断して、同じような空気を持った子たちだけで固めてしまう。トラブルを生むものはすべて排除していく。それは決して子どものためになりません。そんな教育を受けてしまうから、社会に出て多様な人と関われないし、トラブルが起こっても対応できない人になってしまうのです。

これもまた学校だけの問題ではありません。今後、どの子も多様な人と関わらなければ生きていくことはできません。その時に目先の学びやすさだけを考えて、均質な子ばかりの中で育ててしまうと、将来社会で通用しない子になっていって

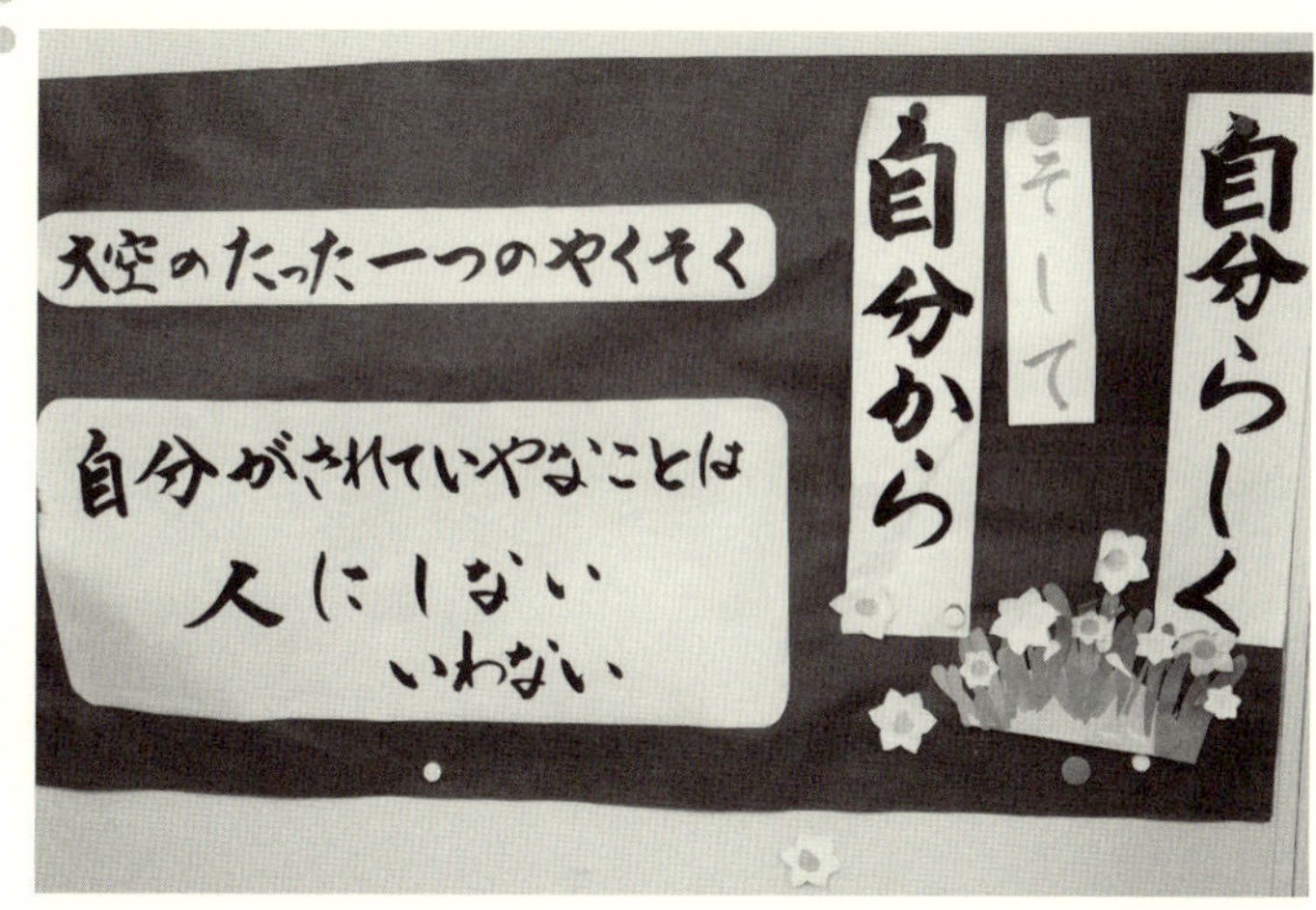

しまう危険性があるのです。ぜひより多くの方に、子どもたちが今後生きていかなければならない社会のことを考えてほしいと思います。その上で自分たち大人は子どもとどう関わり、子どもにどんな環境を用意してあげればよいのかを考えてほしいと思います。

大事なのは、子どもたちが将来、自分の力だけで歩いていけるような力を育てていくことなのですから。

そう考えていただければ、トラブルや失敗から学ぶという大空の教育も分かっていただけるのではないかと思います。

第3章

全教師が全児童と関わる「学年経営」「学校経営」のすすめ

今、全国の保護者や地域の方が学校の教師をどう思っているかは分かりませんが、大半の教師は非常に真面目で頑張っている人たちだと私は思います。教職には残業手当はありませんが、多くの教師が遅くまで学校に残って仕事をしているのが現実です。ただしその頑張りも、取り組む方向が一人ひとりバラバラだったり、授業や行事といった場面ごとに統一されていなかったりするという現実があります。これが、学校教育の非常に大きな問題点だと私は考えています。

学校の中には、実はあまり語られていないブレ、あまり理解されていないブレがあるということです。そのために、教師一人ひとりの頑張りが子どもたちに力をつける、という結果に結びついていかないのです。そこは、保護者や地域の方が外から見ているだけではなかなか分からないことではないかと思います。

今多くの学校では、こういう授業研究が大事だとか、こういう学び合いの授業づくりが大事だということについてはよく語られており、多くの教師がそれについて真摯に取り組んでいると思います。そして教師は多様な研究資料を読み、学校でそれを実践しています。

しかし、子どもたちは毎日、「おはよう」から「さようなら」まで学校の空気を吸って育っているので、研究されていることが子どもたちの毎日吸っている学校の空気になって、入っていかなければ意味がありません。けれども、その空気が、それぞれの学校の中でブレてしまっているのではないかと私は思うのです。

授業は「こうだ！」と言っている。学校生活は「こっちだ！」と言っている。教師のあり方は「そちらだ！」と言っている。

それは人間の体に例えて言うならば、「心臓のためにはこうすればいい」「肝臓のためにはこっちがいい」「脳のためにはそれがいい」というように、体全体を見ずに部分ごとにバラバラな薬を与えられているような状態なわけです。個別に見たら効果は素晴らしいのだけれど、「心臓のための薬を飲んだら肝臓を痛めていた」とか、「脳のための薬が心臓の薬を打ち消していた」ということが起こっている。子どもの育ち全体を見た、学校としての総体的な学びが考えられていないように思います。

主体的に学ぶ教育と集団行動との矛盾

その象徴とも言えることで、私の心にいつも引っかかるのが集団行動です。今子どもが学ぶ意味を理解し、主体的に学ぶ教育の必要性が語られています。授業の中でも、教師が一方的に子どもに教えるのではなく、子どもが学ぶ必要性を実感し、主体的に学んでいくような授業が実践的に研究されてきています。それにも関わらず、例えば毎週行われる朝会など、多くの子どもたちが集合する場面では「並びなさい」「気をつけ」「前に習え」「注目しなさい」と号令をかけ、それに従わせることがなんの疑いもなく行われています。号令を出している教師から見たら、それは以前から行われていることで、これまでなんの問題も起こってこなかったし、そうするのが当然のことだというところでしょう。授業の中では教え込みをせず、主体的に考えて発言し、行動することがとても大事だと言ってきているにも関わらず。

逆に子どもの視点から考えてみましょう。子どもは、授業の中では「自分の考えは自信をもって言いなさい」と言われています。大空なら、「自分の考えを持つ力」「自分を表現する力」は大事な4つの力のうちの2つです。もちろん、子どもたちの中には人前で発言することが苦手な子はいますが、安心して発言できる場があるならば、自分の考えを持って表現し、人と関わって考えることが嫌いな子はいません。

そうやって自分の頭で考え、自分の言葉で表現をしてきたにも関わらず、朝会のような場になると教師から一方的に、「気をつけ」「休め」と言われます。当然子どもたちの中には、「休めは、自分がつらくなったら休めばええやん」とか「オレ体力ある

し、休む必要ないのに」とか「なんで人に言われて休まなあかんの?」などと思っている子がいっぱいいるのです。その矛盾に気づかないというおかしなところが、学校教育の中にはまだまだあると思います。

中学校で行われていることを子どもたちに体験させるのがよい

実際に大空の子が中学校に進学して、まさにこの矛盾を体験しました。

ある大空の卒業生が、体育の時に体育館に入って、「気をつけ」「前に習え」という号令で整列をしていた時のことです。突然、体育の教師がその子に「ちゃんと前に習って並べ!」と言い出したのです。その子は「僕はちゃんと前に習っています」と答えます。しかし、体育の教師は「ウソをつけ、ちゃんと前に習っとらんやないか！」と怒りました。

実はこの時、その子は手を前に挙げてなかったのです。しかし、本人はきちんと目視をして列から1ミリもズレないように並んでいるし、横の列までしっかり見てズレずに並んでいたわけです。

それにも関わらず、「前に習っていない」と怒られたので、「いえ、ちゃんと前に習っています」と答えたわけです。

そうすると、その教師は横に来て「口答えをすな」と言い、「前に習えというのは、こうするんや！」と言って腕をとり、「前に習え」の格好をさせたのだそうです。それをやられた子はもう口には出しませんでしたが、「それやったら、そうやれと言うてくれたらええのに」と思っていたのでした。その子は心から納得したわけではないけれど、中学校というところは少なからずそういうことが起こるところだということは分かっていたので、そのことについてそれ以上言うことはありませんでした。

実は、大空を卒業して中学校に入った子どもたちが、中学校でそんな理不尽な体験をすることは決して珍しいことではありません。そこで、大空では卒業を控えた子どもたちに、実際に号令で整列をさせるような体験もさせるようになりました。本来は中学校の教師が考え方を変えるべきだと私は思っています。しかし、それを言ってすべての中学校を変えていくまでにどれだけの時間がかかるでしょうか。

それによって子どもたちが嫌な思いをする前に、実際に中学校でどんなことが行われているのかを子どもたちに体験させ、理解させて、子どもたちに準備をさせておくほうがよいと思ったのです。

教師サイドの「指導」が先行するから、子どもの学びとのズレが生まれる

この例でもそうですが、もし「前に習えをせえ！」と命令するのではなく、「なんで前に習えをしてへんのや？」と教師が穏やかに聞いていたら、その子とこの教師の行き違いは生じなかったかもしれません。と言うよりも、その教師は「整列」や「前に習え」というのはただ両手を前に向かって挙げることではなく、きちんと前を見て横を見て列を整えることなのだということを、その子のやり方から学べたかもしれないのです。しかし、ただ一方的に既存の方法を意味も考えずに押し付けるから、子どもから学ぶ機会を失ったわけです。

私は、やはり一人の教師の指導に教育の視点が委ねられてしまうと、すべての

子どもの学びは保障できないと思っています。そのため、私は常々「名人芸を早く逸脱しなければならない」と言っています。教師の名人芸という時に注目されているのは、教師の指導スキルです。

しかし、学校教育を通して学びながらスキルを獲得するのは子ども自身です。それにも関わらず教師サイドの「指導」ということが先行するから、子どもの学びとのズレが生じます。

授業では「主体的に学べ」「自分の考えを持て」と言いながら、集団行動では、指導している教師自身がその意味も考えずに、「気をつけ」「前に習え」をやっている。あるいは周囲の教師も、「生徒指導が担当していることだから」「体育教師が担当していることだから」と思いながら、それを看過している。それによって、場面ごとにズレた空気を子どもたちが吸っているわけです。その現実を見ず、疑わず、変えようとしないことが、私は大きな問題だと思っています。

それで平気でいられるというのは、目的と手段が取り違えられているからでしょう。教師がよい授業ができる。学校の平均正答率が上がる。それ自体が目的になってしまっているのです。本来は、子ども一人ひとりが自分らしく学ぶために教師が授業をするのであり、その結果として平均正答率が上がるはずであるのに、そこが取り違えられています。つまり、そこで求められているのは子どものための本当の学びではなく、教師の指導の結果の向上です。つまり、教師のために授業をやっているわけです。

そう考えて、子どもの視点でふり返ってみれば、教師の言動の中におかしなことはたくさんあります。

例えば、教師が「正解のない授業をやっているよ」「自分の考えたことをどんどん言ってね」「主体的な学習だから、何を言ってもいいよ」と言いながら、自分の中に正解を隠し持っていたりするような授業をよく目にします。「正解のない授業」というパッケージ化されたもの、マニュアル化されたものがあって、それをやっているにすぎなかったりする。

まさに手段が目的化されているわけです。本当に正解のない学びをする場面など、今の学校の中にあるのでしょうか。

自分で主体的に行動し、考えて修正をし、やってみるのがアクティブ・ラーニング

なんだか偉そうに言っていますが、では大空は開校した時からそんな指導が一切なかったかと言えば、そんなことはありませんでした。例えば全校朝会で講堂

に入った時、当番の教師が何度も「列を乱している人は誰ですか」「しゃべっている人は誰ですか」と言っていました。そういう指導を受けている子どもの姿を見ると、自然に教師は自分のクラスが指導されないように、子どもたちの間を回って同じような指導をするのです。全体が整列し、おしゃべりが聞こえなくなるまで、教師たちは自分のクラスの前に行って子どもたちを睨みます。そのように監視されて、窮屈で、苦しい思いをしている中で、「今からこの学校でこんな楽しい時間を持ちましょう」と言う校長である私の話を聞くわけです。本当に矛盾に満ちていますよね。大空でも最初はそういうスタートでした。

そんな状況で、「では校長先生と挨拶をしましょう」と当番の教師に言われ、私は子どもたちの前に出ていくわけです。そこで私は「『校長先生と挨拶しましょう』なんて言われんでも、私は勝手に子どもたちと挨拶するから、もう1回巻き戻して」と言ったのです。その時点では、まだ教職員の誰とも信頼関係もできていませんから、担当の教師は「何？　この人？」という顔です。子どもたちも「えっ!?」と驚いています。

その「えっ!?」という驚きのあるところで、子どもたちみんなを近くに集めて、「ねぇねぇ、今からの時間って何？」と投げかけました。そして、土日を家庭・地域で過ごした子どもたちが、講堂という場所にみんなで集まって、「さあ、これから1週間、学校で楽しい学びをみんなで一緒に学び合っていこうな！」という場であること。そして、そのスタートの気持ちを豊かにして、自分とは個性の違う友達がいっぱいいる中で、「大事なことは共有しよう！」という時間だということを確認していきました。

次に子どもに尋ねました。「どう？　先生たちに『前に習え！』って言ってもられへんかったら並ばれへん？　それとも自分たちで並べる？」と子どもたちに投げかけて聞いたのです。そうすると、大空の子どもたちは、「自分らでもやれるで！」と答えました。そこで「じゃあ、実際にやってみよう。巻き戻し！」と言って講堂の外に出て、もう一度実際に講堂への入場をやってみたのです。

まず自分たちで主体的に行動してみる。そしてうまくいかなかったら、どこが問題なのか、自分で考えてまた修正をして、やってみる。それが今求められている「主体的で対話的な深い学び」の、アクティブ・ラーニングでしょう。

子どもを信じて、子どもの気づきを待つことが重要

もちろん自分たちで「やれる」と言ったからといって、子どもたちがすぐにで

きるようになるわけではありません。それでも放っておいて、子どもたち自身がそれではいけないと気づき、必要感をもって行動することが重要です。

大空ではその後、朝会も含めた全校集会の入場の合図に音楽をかけようということになりました。しかし音がいつもより小さかったり、子どもたちが騒がしかったりすると聞き取れないこともあります。そうすると、子どもたちが音楽を聞き取れなくて入場してこないこともあるでしょう。その時にあえて子どもたちを呼びに行ったりせずに、放っておくことが大事です。そうすると、必ず子どもたちの中には気づく子がいて、「今日は（講堂に入る時間に）音楽鳴ってへんで？」と言い出します。

そして、鳴っていないのではないかと聞きに来るでしょうから、「いいや、鳴っていたのに気づかへんかったから、音楽が終わったんやで」と答える。そうすると子どもたちは、「今度はちゃんと入るから、もう1回鳴らして」と必ず言います。そこでもう1回音楽をかけたらよいのです。そうすれば、その次は子どもたちは必ず入場の音楽を聞き取ろうと集中します。もちろんそれ以降も、子どもたちは集会等があることが分かっていれば、自ら音楽をきちんと聞いて入場しようと思うようになるのです。

しかし入場してこなかった時に、「音楽が鳴っているのに何をしているのですか」と指導をする教師がいます。おそらく、そうするのが教師の大半ではないかと思います。その必要のない指導によって、子どもたちは叱られて入場することになるのです。それは受動的に指導に従って入場しただけであり、そこに学びはありません。そうではなく、子どもを信じて子どもの気づきを待つことが重要なのです。

些細な営みを学びに変えていくことを大事にすれば、子どもが主体的に学び始める

入場してからも同じです。講堂に入ったら、整列して静かにしなければ次の行事や授業をスムーズに進めることはできません。しかし友達と入場してくると、ついつい話が盛り上がって、なかなか静かにならないことだって珍しいことではありません。そういう時にも、「静かにしなさい」と教師が指導するのでは学習効果は薄いものになってしまいます。そうではなく、子どもの気づきを待つことが大切です。

実はこの後お話をする「全校道徳」を始めた時もそうでした。子どもたちは講堂に入場してきましたが、なかなか静かになりません。そういう時には、基本的

には子どもたちが気づいて静かになるのを待つのです。そうやって、ただ時間を過ごしていると、子どもたちは気づいて、誰かが静かにしないから何も始まらないのではないかと言い出します。

あるいは、「先生、なんで何もしないの?」とか「静かにならないから、何もしないの?」と聞いてくる子が出てくるでしょう。もし万が一、待っても誰も気づかず静かにならなかったら、そのまま何もせずに時間を終えて、教室に帰せばよいのです。そうしたら、必ず次の時には気づく子が出てきます。

ちなみに私の場合は少し促成栽培をしたのですが、静かにならない子どもたちを座らせておいて、子どもたちの後ろのほうに教職員を集めて、「作戦会議」を始めたのです。正確に言うならば、子どもたちにとって「作戦会議」でもしているように見える、話し合いを始めたということです。私はその子どもたちの姿を横目で見ながら、「な、これが今の大空の子たちの事実やで」というような話をしました。

そういう教師たちの姿を見ると、「何か秘密で面白そうなことをしている」と子どもは思うので、必ず覗きに来る子が出てきます。「なぁなぁ、何してるん?」「先生、何、面白そうなことしてんの?」と言ったりしますが、それも知らないふりをして教職員と話をします。そうすると、自分たち子どもを放っておいて話をしている教職員の姿を見て、自分たちが静かにしないことが、何も始まらない理由だと思って静かにしようとするクラスも出てくれば、教師の姿を真似して、自分たちの置かれた状況について会議で話し合う子どもたちも出てきます。そうして、子どもたちが状況を改善しようとしてきたところで、おもむろに考えていた行事なり授業なりを始めれば、子どもたちはすぐに集中して話を聞き、自ら考えようとするのです。

このような集団行動を行う時の入場や整列、静かにさせることなど、これまではそんなに大きな問題だとは思わなかったのではないでしょうか。しかし、こんな些細なところの営みをどう学びに変えていくかを大事にすれば、おそらく日々の授業も自然に子どもが主体的に学んでいくようなものになっていくでしょう。

子ども全員が縦割りのグループに分かれ、多様な意見を出して学び合う「全校道徳」

そうした集団行動に対する疑問も含め、それまでの朝会に疑問をもち、それらを根本的に変えていくため、退職する3年前から始めたのが「全校道徳」でした。

全国に約2万校ある小学校、約1万校ある中学校では、例えば月曜日の朝、子どもも教師も全員が集まって朝会をするという習慣が、おそらくすべての学校にあるだろうと思います。この時間をどのように過ごしているでしょうか。小学校なら1年生から6年生までの全児童、また全教職員がいるわけです。大空ならば、地域の方も保護者もいます。学校に関わる子どもも大人もすべてがともに学べる場です。この学校全体が学べる場を変えることができれば、本当に子どもたちが主体的に考え、人と対話しながら深く学んでいく空気を学校全体に広げることができます。

そこで、全校朝会を全校で道徳を行う時間に変えようと考えたわけです。もちろんMCとして授業を進めるのは、言い出しっぺである私です。

私が全校朝会を選んだのは、もう一つ大きな理由があります。それは、既存の全校朝会で行われていた、校長の話をただ聞くだけの校長講話が非常に無駄な時間だと思っていたからです。ただ校長の話を一方的に聞かされる時間に、いったいどれだけの学びがあるでしょうか。それよりも、子どもも大人もみんな一緒にその時、その時、大空にとって必要なことをテーマにして、学び合ったほうがよほど有意義な時間になります。そこで学ぶ内容を道徳にしたのは、他の教科学習と違って正解がないため、誰でも安心して自分の考えを言いやすいと考えたからです。

この全校道徳は、一切打ち合わせなし、シナリオなしの時間です。朝、全員が講堂に集まったら、MCである私が突然、ホワイトボードにその日のテーマを書きます。子どもはもちろん、参加している教職員も保護者も地域の人も何も知らないので、「静かにしなさい」などと言わなくても、誰もが興味津々で静かにホワイトボードの文字を見ようとするわけです。もちろん中には声に出して読む子もいますが、「今、大きな声を出して読んでる子がいるけど、それは一生懸命字を見ている子にとってどうやろう？」と言えば、子どもは気づいてすぐに口を閉じます。そうやって、叱るのではなく気づきを促すことは、必ず日々の授業の中でも生きていきます。

テーマについては、本当に多様なものを取り上げましたが、ホワイトボードに書く時には6年生が読める漢字はすべて漢字で書き、フリガナは一切つけません。そうすると、低学年の子などは読めませんので、そこでMCである私が「1年生に対して、どうぞ…」と言うと、漢字の読める子たちは漢字の読めない子たちに対して、伝わるような丁寧な読み方をしていきます。そんなふうにして、道徳の学びをスタートします。

テーマが分かったら、私は「はい10秒」と言います。自分なりの考えをもつ時間が10秒ということです。そう言うと面白いもので、大人も子どもも下を向いて真剣な顔で考えます。10秒は短いように思うかもしれませんが、真剣に考えれば意外に何か思いつくものです。逆にこの時間を長くとりすぎると、「しっかり考えたのに、こんな意見で大丈夫だろうか？」と、人前で話すことに不安を覚える子もいます。ですから、考える時間は10秒ぐらいでよいのです。

そこから全員が縦割りのグループに分かれ、多様な意見を出して学び合っていきます。大空の子どもたちは３００名弱ですが、グループは40数グループ。学校のリーダーとなる６年生は、必ず1グループに1名以上は入るようにしており、メンバーは学期ごとに入れ替えて、多様な意見に触れ合えるようにしています。ちなみに大人は大人のグループで学び合いますが、子どもたちによいところを見せたいという思いもあり、とても真剣な表情で考え、意見を出し合っていきます。

「全校道徳」は答えのない学びをするから、誰かの価値判断などは邪魔

グループでみんなが意見を出し合い学び合った後、みんながもう一度ホワイトボードの前に集まってきます。そしてリーダーである6年生が、「自分たちのグループでは、～や～という考えが出て、自分の考えは～でした」というように、各グループの多様な意見を発表します。この時、挙手や指名はせず、言いたい者が立って発言するようにしています。そうすると、3人くらいが同時に発言しようと立ち上がることもありますが、ＭＣは指名も交通整理もしません。すると、子ども同士で見とり合い、「ああ、この子は今日は先に言いたいんやな」と思ったら、「お先にどうぞ」と譲ったりします。これはまさに阿吽の呼吸で、子ども

同士が空気を読むのです。

もちろん、もしみなさんの学校で初めてやってみたとしたら、「自分が先に言いたい」と我を張り合って、トラブルになることもあるかもしれません。しかし、そのトラブルこそが学びの機会です。先を争っていた子ども同士で、それぞれがどういう思いで立ち上がったかを丁寧に聞き合っていけば、子ども同士も分かり合えます。そんなことは子どもにはできないと思うかもしれませんが、必ずできます。大事なのは、子どもを信じて任せる機会をつくることです。教師自身も子どもから学ぶ姿勢をもち、自分を変える姿勢をもって任せることができれば、必ず子どもも変わっていきます。

こうして発表をしていき、意見が出なくなった頃合いを見計らって、MCは「これくらいでいい？」と全体に尋ねます。そこで意見が出なければ、それで全体での学び合いは終了です。そこで「まだ言っていないグループはありませんか？」といった言葉を使うと、「うちのグループは言っていないよ」「リーダーがしっかりしていないからだ」と誰かを責める関係が生じてしまいます。だから「これくらいでいい？」なのです。6年生は大空のリーダーですが、リーダーの中にも人前で話すことが苦手な個性をもった子もいます。だから発表しなくてもよいのです。それに、もしかしたら発表できなかったことを契機に、次は頑張って発表しようと思っているかもしれません。その思いを大事にして、自ら立ち上がって発言する時を待てばよいのです。

その後、大人も真剣に議論をしたことを発表します。しかし、この時に気をつけなければならないのは、中には大人としての価値判断を押し付けようとしてしまう場合もあるということです。以前いじめについて学び合った後の発表で、異動してきたばかりの教頭が、当初はグループの意見を発表させていたのに、次第に「やられた子の気もちになったら、絶対にやったらいけないのです！」と説教をし始めたのです。

その時がＭＣの出番ですね。私はすぐにマイクを取り、「教頭先生、お説教はもういいです」と言いました。すると、子どもたちはほっとした笑顔を浮かべていました。

ここで大事なのは、大人の示す価値判断ではありません。本当に答えのない学びをするのですから、誰かの価値判断などは邪魔なものです。この場で子どもたちが学ぶのは、友達同士で答えのないことについて考え、学び合うこと。そしてもう一つが、大人が真剣に学ぶ姿です。「大人はこんなふうに学ぶんだな」と、子どもは学ぶのです。その時に大人も「子どもはこんなふうに学ぶんだな」と学んでいくわけです。

ですから、ＭＣも教職員も保護者も地域の方も、多様な意見に対し一切価値づけをしません。価値づけをしたら、子どもは評価してもらうために、教職員や地域や保護者の求める正解を言おうとするからです。それは、私たちが求める「４つの力」のうちの「自分の考えを持つ力」とは違うものを育てることになってしまいます。

大空の「全校道徳」では、こうした全体の意見交流までがだいたい30分です。「全校道徳」は45分間ですので、残りの15分はそれぞれの教室に戻り、他の人たちの多様な意見を受けて、一人でじっくりと考え直し、自分の意見をまとめて書く時間です。最初たった10秒で考えた自分の考えを、多くの人の意見とも比較しながら見直し深めていき、まとめるところまでが「全校道徳」なのです。

正解がない授業とは、そこにあるすべての学びを認めるということ

この「全校道徳」である時、「たった一つの約束」がどうも大事にされていないのではないかと思った私は、「人権」というテーマを出しました。「じんけん」と読める子は少ないのですが、「それでは、1年生にも分かるようにどうぞ！」と言うと、「じ・ん・け・ん」と年上の子たちが読んで伝えます。

「じゃあ、自分の考えをどうぞ」と言うと、10秒の間に分からなくても自分なりに考えなければと思って、1年生の子も考えます。別に「答えを出せ」「正解を出せ」と言われているわけではないから、分からないなりに考えるのです。「難しい」「何書いているか、分かれへん」けれども、その状況で考えたことは自分

自身の考えであり、考えたことに間違いはありません。正解がない授業というのは、そこにあるすべての学びを認めるということであり、すべての子どもの可能性を信じるということです。そう考えると、「人権って何？」と問われたら、分からないからこそ面白いのです。

とは言え、子どもたちはこういう言葉は多様な場所で目にしていて、中学年くらいからは、「なんや、いじめと関わる言葉やな」くらいには社会的常識としてインプットしています。そして自分なりに考えて、みんなで多様な意見を出し合っていったのです。この時、多くの子どもたちは「人権」という言葉を大空の毎日に置き換えて、「人権は空気」だと言いました。その時、大人たちは一応分かったような顔をして聞いています。そこでＭＣの私がちょっと掘り下げて、「ねぇ、大人の人は空気って何か分かってるの？　質問が出なかったけど」と言ったのです。そうすると、すかさず大人から質問が出ました。「いろんなグループが空気って言ったけれど、どうして空気って言ったのですか?」と。分かったような顔をして聞いてはいたけれど、厳密な意味で子どもたちがそう表現しているのか、よく分かっていない大人もたくさんいたわけです。

そうすると、リーダーたちから「だって空気がなかったら人は死にます」という説明が出てきました。私たち大空の教師や大人はいつも、目に見えないものを空気と言っていましたから、「場の重要な雰囲気」というように思っていた大人もいたかもしれません。しかし、この時の空気とは、「なかったら死ぬ」ものだったのです。そこで大人は驚くと同時に学びました。だからこそ、目に見えない大空の空気を大事にするということは、子どもたちにとって「生きる」ことにつながっているのだと知ったのです。そして、その空気を大事にすることが人権を守ることにつながっているのだと分かったのです。もちろん私自身にとっても大きな学びの瞬間でした。

一番盛り上がったテーマは、「宝くじ三億円！　どんなふうに使う」

大空では、退職するまでの３年間、私がＭＣを務めて、毎週「全校道徳」をしていました。もちろん、今でも行われています。

この「全校道徳」で、どんなことをテーマにしていたのだろうかと気になる方もいらっしゃるでしょうね。詳細については、大空のホームページに出ているのでそれをご覧になっていただければと思います。いくつか挙げてみると、「なぜ『学校』はあるのだろうか」「人を大切にするってどういうこと？」「誰一人掃除をしなくなったら学校はどうなるでしょう」「もし自分がサンタクロースだったら」等々、テーマはさまざまです。

これらの中で、みんなが多様な意見を出して一番盛り上がったのは、「当たりました！　宝くじ三億円！　あなたはどんなふうに使いますか」でした。もちろん個人で買った宝くじではなく、「学校のみんなで買った、たった1枚の宝くじが当たった」という条件付きです。そのテーマに対し、出てきた意見は以下のようなものでした。

「給食に豪華なデザートをつける」
「運動場をドームにして雨でも遊べるようにする」
「水道からアクエリアスやポカリが出るようにする」
「学校の遊び道具や図書室の本を増やす」

「勉強の用具を増やす」
「貯金をして、いざという時に使えるようにする」
「ゲストの人によいおもてなしをする」
「震災で被害を受けた人のために使う」
「学校に行けない子どもたちが学校に行けるようにする」

多様な意見が出て非常に楽しいものだったのですが、私の印象に残っているのは「大型バスを買う」というものでした。バスだけでなく、バスの運転手さんも一緒に雇うというわけですが、その子はそのバスを使って何をしようと考えたのだと思いますか？　実は、大空でバスを購入すると言った子は、そのバスを使って天気のよい日にはみんなで近隣の公園などへ出かけていくというのです。そして、青空の下で授業をするというわけです。確かに気持ちがいいだろうなと思います。子どもの学びというのは、このように教室の中、学校の中には縛られていないのですね。

間違ったら素直にその間違いを認め、やり直す姿勢を身につけることが大事

このような本当の学びを「全校道徳」という場だけでなく、日々の授業の中でもつくりあげていくには、教師が自分自身の行為（子どもたちへの働きかけ）とその結果である子どもの事実に対して省察し続けることが必要です。本当に自分の日々の授業は、日々の教育は、子どもが主体的に学ぶものになっているかどうか、常にふり返ることが必要なのです。

とは言え、どんなに丁寧に子どもを見とって省察を行っていたとしても、自分

一人の視点で見れば、人は知らず知らずのうちに自分の価値観にはめ込んでしまうものです。前記の「いじめは絶対に…」と言った教頭もその例の一つでしょう。それは何も悪意をもって行っていることではありません。よい教師でありたいと誰もが思っているからこそ、無意識に自分の教育観の中にあるよい子ども像に、目の前の子どもたちをはめ込んでいこうとしてしまうのです。

教師がそうした独善に陥らないようにするため、大空では保護者にも地域の人にも一緒に授業に入ってもらっています。多様な大人がまぜこぜに授業の時にも行事の時にも入っていて、多様な視点から見ていれば、何か問題があったら必ず声が出てきます。例えば、授業の時に地域のおばちゃんが「先生のあの話、子どもも分かってへんと思うよ」と言ってくれたりします。それは自分自身の「教師力を高めよう」「自分の指導力で素晴らしい子どもを育てよう」と思っている教師にとっては聞きたくない言葉でしょう。「先生が『分かった?』って聞いた時、子どもは『うん』て言うたけど、本当は分かってへんと思うよ」という地域のおばちゃんのひと言は、教師のプライドを傷つけます。しかし、この時こそが成長し続ける教師になれるかどうかの境目です。

その地域のおばちゃんのひと言を聞いて、「分かっていたとばっかり思うてたけど、本当はあの子が分かっていないことが分かった。めっちゃ得した。なんで気づいたか聞いてみよう」と思えるかどうかです。そんな教師になるのは決して難しいことではありません。人として至極当たり前の基本に戻ればよいのです。間違ったら「ごめんなさい」と謝る。学ぶ機会を与えてもらったら「ありがとう」と感謝する。それだけです。今の例ならば、地域のおばちゃんに「気づきませんでした。ありがとうございます」とお礼を言う。そして、子どもに対して「先生、分かってると思うてたけど、分かってへんかったんやな。ごめんな。どこが分からへんかった？」と、正直に謝って聞けばよいのです。

私は教師ほど謝らない人間はいないのではないかと思います。それは子どもにとっての模範でありたいと思うからでしょう。しかし、間違わないという結果だけを模範として示そうとするのは間違いです。そのために自分自身を苦しめてしまうだけでなく、子どもたちにも間違ったメッセージを伝えることになってしまいます。人が生きていれば必ず間違うものです。その時に素直に謝ってやり直せばよい。理屈はとても簡単です。むしろ素直に間違いを認め、やり直す、学び直すことこそが大事です。教師はその学び直し続ける大人としての見本になればよいのです。

最初に話をしましたが、今の社会はグローバル化によって急速に変化し続けています。常に新しいことが起こり続けているわけです。そうすれば、間違わないなんてことはありません。その時に間違ってはいけないなどと言うと非常につらくなります。そうではなく、間違ったら素直にその間違いを認め、やり直す姿勢を身につけることこそが大事なのです。そう考えたら、「先生、ここ間違っとったわ。ごめんな」と言って、やり直すことはとても大事なことだと思えませんか？それができれば、必ず教師を手本にして「ごめんなさい」と言い、その間違いから学べる子どもになっていきます。

「ごめんな」と謝る。「いや、いいんやで」と許す。そうした信頼関係ができていないから、「先生、間違うてるで」と言われると、「先生は間違うてへん！」と応えることになる。そこに子どもと教師の不毛な対立関係ができるのです。それは何も教師に限ったことではありません。保護者も地域の方も、子どもに関わる大人たちすべてが考えておかなければいけないことだと思います。

教師もまた子どもの学びと同様、間違えたらまたやり直す機会にすればよい

大空ではこのような考えを、「全校道徳」も一つの場としながら、子どもに関わるすべての大人が共有しています。ですから大空の大人は、間違った、悪いなと思ったら、「ごめんな」という言葉が自然に出ます。ただし「ごめんな」と言った大人が、ただ「ごめん」と謝っていればよいのではなく、何が「ごめん」なのかを論理的につかまなければなりません。そういう点から正直言えば、大空の大人にしても間違ったら謝るというところまではいくけれども、自分が言った「ごめんなさい」は、どういう意味なのかを論理的に説明するところは、まだまだ十

分にできているとは言えません。若い教職員たちだけの問題ではありませんが、やはりそこは経験の少ない若い教職員が持っていないところです。

例えば、自分の子どもとの関わり方が悪くて、お母さんから連絡帳に「先生、今日こんなことが学校であったそうですが、これはおかしいんじゃないですか?」と書いてきた。それをトラブルにしてお母さんをモンスターにするか、自分自身の学びにするかは教師の姿勢次第です。保護者からのクレームは、教師から見れば「自分はこう思ったのに、親はそう思っていない」ということが大半なのです。その時に教師が「自分は親が考えているような悪意はもっていないし、そう思う親の受け取り方が間違っているだけだ」という見方をしてしまうと、それで勝負は終わりです。必ず親とのトラブルが大きくなっていきます。

そうではなく、自分はそうは考えていなかったけれども、相手がそう捉えているということが、自分の仕事の結果としての事実です。この考え方も相手が子どもの場合と何も変わりません。この自分の仕事の結果として起こった相手の事実を受けて、「お母さん、ごめんなさい。ひと晩心配したやろね」と謝るところからスタートするのは、プロとして当然！　この時の「ごめんなさい」は、何へのごめんなさいかと言うと、自分は悪意も何もないけれども、自分の表現の仕方がまずかったためにお母さんはひと晩嫌な思いをした。そしてそのことを「先生に言うのはシンドイな」と思いながらも、「やっぱり言わなアカン」と思って連絡帳に書いた。自分には悪意はなかったにせよ、ひと晩何も気づかずに涼しく寝ていた。その一方で、お母さんはひと晩そのことを抱えて悩んでいた。それを考えただけでも、「ごめんな、お母ちゃん」と言うのは、人として当然のことではないですか。それを自分の中で論理的に落とし込めているかどうかです。それができれば、「ごめんなさい」は心から出てくるし、学びとしても生きてきます。

私はそんな話を職員室でしょっちゅうしていました。同じようなことが起こった時、「どうするの？」「まず、謝るべきやで」と若い教師にベテランとしてのアドバイスをします。そうすると、「そうですね。謝るべきですね」と答える。その時に「なぜ、あなたは謝るの？」と聞きます。その時に謝る理由が論理的に出てこずに、答えに窮したりします。その時に先のような私の考えを伝えて、「私ならこういう意味で謝るで」と伝えます。そうすると、すぐに「そう言います！」と言ったりします。それは学びとして十分なものとは言えませんが、その若い教師にとっても学びの入り口なのですから、それでよいのだろうと思います。

ここもまた子どもの学びと同様。間違えたらまたやり直す機会にしていけばよいのです。粘り強く。

今、考え直すべきは教育の目的、日々の指導の目的

教科の指導でも、教師は子どもから学ぶ姿勢がなかったら子どもは主体的に学んで育ってはいきません。例えば美術の指導で、線の描き方、色の使い方を強く教えて、一見上手な絵を描かせる教師がいます。実際にそういう指導をして何人もの子を絵画展で入賞させるわけです。そういう指導をする教師自身も、それがすごい指導力だと信じているし、親も入賞という結果だけでそれが素晴らしい教師だと信じてしまいます。

しかしその指導を受けた子が、将来にわたって自ら絵を描こうとしていくかと言うと、私は疑問を感じます。そんな技術のみの指導が生み出すのはスキルとマ

インドの二極化です。小学校の1年の時からそんな指導をされ続けると、子ども自身にとって、それが描きたいもの、描きたい方法ではなくても、「これが認められる」「これが上手なのよ」とほめられたら、そのように自分をつくり変えていきます。それが小学校の子どもの柔軟な発達段階なのです。それだけに、そんな教え込みは洗脳教育に近いものがあります。特に1年生、2年生という低学年の段階はそれが顕著です。それにも関わらずそういう指導をする教師が、教師間や保護者、地域から指導力が高い教師だと評価されているのが現代の教育現場です。

本当に図工や音楽などは正解のない教育だと言われたりします。その点では私の道徳と変わらないはずです。それにも関わらず、教師が評価される技術や方法という正解を隠し持っている。そして、その正解にどれだけ近づけるかが自分の指導力だと思っているわけです。このバカな教育を変えていかなければ、本当に創造的な子どもは育ちません。それ以前に、あくまでもスキルは手段であり、マインドを育てていくことが大切だということを忘れてはいけません。ここをしっかり考え、見直していくことがまさに今、日本の授業が目指す「主体的で対話的な深い学び」という方向をリアルに考えていくために分かりやすい事例ではないか、と思います。

今、考え直すべきは教育の目的です。日々の指導の目的です。今、この授業をする目的は何？　その目的が明確になっていなかったり、方法と目的を取り違えていたりするから、子どもの学ぶ意欲が削がれているのです。そのことをしっかりと省察し、もう一度自分たちの学校の教育の目的は何かを考えなければなりません。

私にとっての学校教育の目的は、大空で使っている言葉を使うならば、「一人ひとりの子どもが自分から、自分らしく、自分の言葉で語る子どもに育つこと」です。自分の言葉で語るというのは言葉にすれば簡単ですが、３００人の子どもがいれば、３００通りの言葉が生まれるということです。これを「だいたい10通りくらいの言葉でくくろう」などと考えるのは大きな間違いです。３００通りの言葉で語る子どもたちの姿が事実として目の前に現れることが、学校教育の目的だと思います。

この「自分の言葉で語る」ということに、私は非常に大きな尊厳を感じています。しかし今の教育は「どれだけ論理的に、きれいな言葉を使って、入り口と出口を上手にまとめて語れるか」という形ばかりを見ていて、そこにみんなをはめ込もうと考えているように見えます。しかし、そんな形はどうでもよいと思います。

私は「小学校教育の目的は?」という問いは、そのまま「どんな日本社会をつくりたいの?」という問いの答えと合致しているべきだと思います。あなた方はどんな日本社会をつくりたいですか? その答えは当然多様であってよいのですが、「一部の素晴らしいスキルをもった人たちだけが悠々と生きる社会をつくりたい」と答える人はいないはずです。現代は多様性こそが進化の原動力と言われる時代であり、豊かな多様性をもつ社会をつくっていこうとしています。一人ひとりの違いが認められ、その中で自分が自分らしく存分に活躍できる社会を目指し、その結果としてすべての人が幸せに生きられる社会が実現するわけでしょう? そのような社会をつくるという目的と学校教育の目的は、当然合致していなければいけません。

そう考えてみると、やはり学校教育を通して、自分の言葉で語れる子どもを育てていくことが必要です。そして自分の言葉で語れる子を育てるために、「おはよう」から「さようなら」まで、どんな学びが必要かということから今ある学びを見直していくことが必要です。当然既成のものだけではなく、新たにいろんなものがつくり出されていくことになるでしょう。それまで錦の御旗みたいに思って大事にしてきたものの中にも、一旦捨てないといけないものがたくさんあることも見えてくるでしょう。

教師が舵取りをしなければ、子どもたちは無法地帯で学び始める

例えば私が昔こだわって使っていた方法の一つに、発言する時、パーは意見、

チョキは質問、グーは付け足し、というような挙手の方法があります。チョキを出して当てられた子は、「私は○○さんの意見に質問ですが…」と発言する、パッケージ化された発言の方法です。それがすべての子が発表しやすくなる方法だと、私も昔は思っていました。もちろんそのスキルがあることで発言しやすくなる子がいるのは間違いありません。しかし、それですべての子が発言できると考えたなら大きな間違いです。そのスキルすら使えない子もいるし、その方法に違和感を持つ子もいる。そういう手法をクラスのルールにすることで、かえって発言しにくくなる子もいるのです。そういう子は同じ場で学べなくなります。

実は型にはめて、パーとか、グーとか、チョキとかを出すことで便利になるのは子どもではなく教師のほうなのです。誰かが発言した後に、次に当てる子を探しやすいからそう決めている。質問や付け足しのハンドサインを出している子を当てたらよいわけですからね。子どもの側もその教師の指名スタイルに気づいていて、「質問のチョキを出せば優先的に当ててもらえる」などと思っているわけです。それを「議論をする上で有効なプロセスだ」と教師側は勘違いをしているのです。しかしその方法を使わないで、もっと自由に発言させていけば、さらに子どもの力が広がって深まって伸びていくのです。実際ハンドサインを使っていた私が言うのだから、間違いはありません。

例えば誰かが意見を言った時に、もっと詳しく聞きたいと思った子がいたら、「今の何？」「もっと聞いていい？」と言ったらよいでしょう？　あるいは「付け足し言いたいんやけど…」と言う子がいたら、「ほな、言うたらええやん」という空気が学級の中にできればよいのです。そういう空気こそが「俺、分かれへん！」と言える空気なのです。その言葉が出れば、そこから「どこが分かれへんの？」

「そこはこう考えたらどうやろ?」「こんな方法なら分かる?」と多様な考えを出し合って学んでいくことも可能になります。

しかし、「今の何?」と手を挙げずに質問すると、「ちゃんとチョキを挙げなさい」と言う教師がいたりします。そうすると、「それやったら、俺、言わん」という子が出てくるのです。そうやって、学びに対する主体性という重要な学びの芽、学びの原石をドブに捨ててしまっているのです。結局は「子どもの主体性が大切」と言いながら、教師が舵取りをしているわけです。

もしこの舵取りをしなければ、子どもたちは無法地帯で学び始めるのです。発言したい、学び合いたいという意欲に従って、誰かれ構わず思うように発言をしようとするでしょう。しかし好き勝手に発言していると、きちんと聞き合い、学び合うことができません。そうすると自然に、「発言の仕方はこうしたほうがええんちゃう?」「こうしたら、日頃発言してない子も話しやすいで!」などと、自分たちで考えていくのです。その時どうしても放っておけないおかしなことや理不尽なことが起これば、教師は「今のおかしくない?」と言えばよいのです。そこから「何がおかしいの?」「いや、私はおかしい思うよ」「そう言うたら、こがおかしいんちゃう?」「そうやな。ここもおかしいで」という気づきに発展していけばよいのです。大事なのは、子どもたちがきちんと省察する時間をつくるということです。

考えてみてください。多くの教師は、言葉では「多様性を育てる授業を目指しています」と言いますが、本当にあなたの授業は多様性を育てるものになっているでしょうか? もしかしたら教師が隠し持った正解、教師の価値観を実現するための授業になっていないでしょうか。そうやって、教師もまた省察をすることが必要です。もちろん地域の大人も保護者も。

今「多様性が必要だ」という言葉は、確実に教育現場に下りてきています。それを実現する教育を目指そうとする時、それを具体的な教育にしていくためには、多様性を多様性という言葉を使わずに表現したら、あなたならなんという言葉になるかを考えてみるとよいのではないでしょうか。それが私ならば、先に言った「自分から、自分らしく、自分の言葉で語る子ども」なのです。

教師も親も子どもを育てている自分の姿自体が目的化していないか

これまでとの話ともつながることですが、今多くの学校ではある学びのような形式が繰り返されていると感じます。しかし、残念なことにそれを行っている人たち一人ひとりは誠実な教師だし、それが学びだと信じているのです。しかし、学びの本質は違うところにあります。それは、目の前にいる子どもの姿からしか分からないものです。それはこれまで何度も繰り返してきている話ですね。私たち教師の仕事は事実をつくることです。それは子どもの姿という事実でしか評価できないのです。その子どもの姿が究極のものとして実現する時、教師は透明人間になるのだと思います。特別支援の話でも少し触れましたが、私が授業者として一番憧れる存在は透明人間です。授業者が透明人間になれたら最高の授業ができていると思います。それは教師がいなくても、子どもたちが自分たちで勝手に学んでいくということです。

そうではなく多くの教師は、どれだけよい板書をして、どれだけよい発問をして、どれだけよい補助教材を作って、どれだけ机間指導をして、どれだけ子どもたちをつないで…と考える。それら一つ一つは必要なことではあるのですが、それを強調する教師は自分の出番の姿に評価を求めているのです。そして、子どもが学ぶための手段にすぎない板書や発問や教材自体を目的化してしまっているのです。それとは逆に自分の存在が子どもたちにとって存在として認識されない中で学びが成立しているとすれば、それは教師冥利に尽きるのではないでしょうか。

教師という言葉は親に変えてもそのまま通じる言葉です。親として子どもを育てている自分の姿自体が目的化してはいないでしょうか？　最終的には独力で学び、独力で生活をしていける人を育てようとしているわけですよね？　そうしたら、いかに自分が関わらなくても一人でやっていけるようになるかを考えることが必要です。それは「ああしなさい」「こうしたらいい」と言い続ける方法ではないはずです。理想的には、子どもが主体的に好きなことをやりながら、その中から多様なことを学び取っていくというのが学びの基本ではないでしょうか。

枠にはまらない子どもを「ダメな子」だからという烙印を押すことは簡単

しかし、子どもが好きなことをすると困るのは教師です。教師が自分の枠にはめようとするのは、先にも言いましたが、一つには教師の善意による場合があります。しかしそれですら、本質的な子どもの学びにならないことは先にも説明した通りです。それよりももっと悪い理由は、自分の型にはめてしまうほうが楽だということです。

本来子ども自身が自らの意思に沿って学ぶことが理想です。しかし、義務教育として小学校の間に学ぶ内容は、学習指導要領に示されています。その内容に対して、必ずしも子どもたちが主体的に取り組み、学んでくれるとは限りません。そこで、教師は学習指導要領が示す内容と、その理解の過程でつけるべき力を明確にし、子どもの実態に即した教材として示していかなければなりません。それは正直言って簡単なことではないのです。

その逆に簡単なのは自分の教え方を決め込んで、その枠にはまらない子どもはその子自身が「ダメな子」だからという烙印を押すことです。そうすれば、教科書と教科書の解説である指導書があれば、日々学ばなくても授業ができるからです。そしてその教師が楽をするために「ダメな子」の烙印を押された子は、結果的に教室から排除され、学校から排除されていく。それが多くの学校で起こっている「不登校」の現実です。

そんな自分の型、既存の教育の型にはめようとする教師の考え方に刺激を与えるため、私は大空では、例えば天気のよい日に外に出て国語の授業をするようなことも行いました。

「全校道徳」の「宝くじ三億円」のところで少し触れましたが、子どもたちの中には「なんでいつも教室で勉強せなあかんのやろ?」と思っている子だっています。そんな子にとっては、たった1時間でも「教室から外へ出て授業しようや!」と言われることが、とても心を開放することになります。実際にそんな授業をしてみると、子どもの姿は大きく変わるのです。

大空には、学校から道を挟んだところに「ふれあいファーム」という農場があります。そこは周囲に民家がないので、私は子どもたちとそこへ行ってめちゃくちゃ大きな声で音読をやったりしました。そうすると、子どもたちはすごく嬉しそうに大きな声で音読する。そして「俺、また音読やりたい」と言ったりする。

また中には日頃大きな声を出さない子が、うれしそうに声を出していたりすることだってあります。

私はそれを他の学級の子どもや教職員に見せびらかしてやろう、と思ってやっていました。教室の窓から私たちを見つけた子どもたちは、「ええなぁ。なんであいつらだけ外へ行けるん？」と私に問います。そこで「あんたらも先生に言うたらええやん」と言うと、「ほな、言うわ」「先生、やろう！」と言う。それを言われた教職員はそれを断る理由が何もないので、彼らも外へ出て授業をしたりします。しかしそういうことをしてもよいのだということを、私たちの姿として目で見ないと、自らチャレンジできない教師が増えすぎていると思います。授業では目指すねらいを実現し、子どもにつけるべき力をつければよいのであって、教室で学ばなければいけないわけではありません。しかし、授業は教室で行うものだという固定概念に囚われているのです。だから、外で行う授業がまるで型破りで突飛な授業のように思えてしまうのです。

どうでしょう。「もし学びの場に机と椅子がなかったら、学びはどうなる？」と考えてみたら、めっちゃ楽しい学びが増えると思いませんか？「全校道徳」の「宝くじ三億円」でバスを買うと言った子の発想そのままですが、公園やら自然の中やらいろんな所へ行って、算数なら算数をやるわけです。地面に木の棒を使って計算式を書きながら算数をしたら、めっちゃ楽しそうですよね。子どもは本当に自由に考えていいんだと分かると、そんなことを考えるのです。

安全の問題があると言う人もいるでしょうね。だからと言うわけではありませんが、机も椅子もない場所で学習するために、私は校内の多目的室で授業をしたりもしていました。子どもたちは筆箱とノートだけ持ってくる。そこで学びながら「自分の考えを書こうよ」と言うと、子どもたちは床に寝転がって書きます。そうすると、「床に寝転んで書くのは、姿勢が悪くなるんじゃない？」と言う声が出てくるのです。しかし、床に伸びていたら背筋は真っすぐ伸びるものです。むしろ椅子に座って背中を丸く曲げていたり、机に頬杖をついていたりするほうが姿勢は悪くなります。それを考えないで「床に寝転ぶのは…」と言うのは、字は椅子に座って書かねばならないという思い込みがあるからなのです。

もしここまで分かりやすく説明をしてもなかなか理解できないとしたら、おそらくそういう教師は、自ら考えて行動する幼少時代を過ごさなかったのでしょう。そして教師としてもただ昔からある伝統を、考えもせずに繰り返しているだけなのです。そういう人には悪しき伝統が二乗三乗になって、呪縛のようになっているのです。それが多様性を求められる時代の中で、子どもが本当に主体的に学ぶ授業づくりの大きな弊害となっていると私は感じます。

「保護者対応は管理職に任しとき!」

これまで何度も繰り返してきましたが、学校は子どもの姿を見てそこから学び、よりよい学びをつくっていく場所のはずです。しかし今、子どもではなく保護者を見すぎていると私は感じます。大空の場合は極端に言えば、「保護者なんてどうでもいい」と考えていました。実際に私は大空の教職員に対して、「あんたらの給料は保護者対応のために出ているわけじゃないからね。保護者対応は管理職に任しとき!」と言っていました。

現代の多様な価値観がある中で、30名の子どもを担任したら、30名の子の保護者たちの多様な価値観があります。近年教師の世代交代によって全国的に急速に増えている若い教師たちが、それに対応するなんてできっこないのです。できっこないことをやらせようとするから、こじれて保護者もモンスター化し、結局は校長自身がしんどいことになるのです。

ですから、「親は任せとき。あんたらの給料に保護者は入っていない。あんたらの仕事は子どもを見ること。子どもとともに育ち合うこと。それだけや」と言っていたのです。もちろん「保護者のことは考えんでもええけど、何かあったらすぐに情報は入れてや」ということは最後に付け加えています。このように保護者対応は担任がするのではないというようなことであっても、教職員全員が共通理解をしていると保護者は安心します。教師が一人で仕事をしていないことを感じ、学校の空気が一つになっていることを感じると安心するのです。もちろん子どもたちも同じですね。

「学級経営」ではなく、「学年経営」「学校経営」の発想が必要

そのような子どもも保護者も安心できる学校をつくっていくには、「学級経営」などという狭い考え方は捨てていくことが必要です。授業が下手であろうが、逆に名人であろうが、一人だけ特別なことをしていても子どもに力をつけることはできません。保護者も不安になってきます。ですから「学級経営」ではなく、何事も学年で考える「学年経営」が必要です。ですから大空の場合は、学級活動は学年全体で学年活動として行っていました。そうやって、若い教師もまず学年の子全体に目を配れるようにしていきます。そして、それ以上に学校全体の子ども

を見ていく「学校経営」の発想が必要なのです。

「一教師が学校経営に口を出すことはできないし、学校経営の発想と言われても……」と思うかもしれませんね。確かに学校をよくしていこうと考えて積極的に発言をしても、それが学校経営に生かされなければ、その教師は同じような前向きな発言はしなくなるかもしれません。そこで大空では、学校のために始めたらよいと思ったことは職員室で積極的に発言し、発言時に協力者を募った上で、発言者自身が責任者となって取り組むということを行っていました。実は「全校道徳」も私が同様に提案し、協力者を求めて始めたのですが、それは私だけができるのではなく、大空の教職員すべてが等しく行えることです。そのため、出張が続いてちょっと学校を離れていると、なんだか新しいことが始まっていて、「ねぇねぇ、なんや面白そうなことやってるけど、それ何？　教えて」と私から教職員に聞くことも珍しいことではありませんでした。

研修体制も古くさいスタイルは捨て、みんなで話し合った上で、学校をリードしていくL研と学校全体のバランスをとっていくB研というのをつくっていきました。ただしどちらに入るかは一人ひとりが自己申告で決めますから、結構なベテランがL研に入ってもいいし、逆に若手がB研に入ってもよいのです。ただ、結果的には若手がL研で積極的に学校をリードし、ベテランがB研でL研をフォローしていました。そうやって、学校を動かすシステムを変え、全員が学校経営に主体的に参加できるようにすることで、教師一人ひとりに学校経営の意識が根付いていくのだと思います。

大空には子どもにつけるべき4つの力がありますが、その4つの力を育てるには教師にも4つの力が育っていかなければなりません。それは私が言い出したことではなく、大空の実践を市の研究会で発表した時、最後に発表を担当した教師がそう結んでいたのです。私自身がその教師から学んだことなのです。

話を戻しましょう。「人を大切にする力」「自分の考えを持つ力」「自分を表現する力」「チャレンジする力」という4つの力を子どもにつけていくには、教師も4つの力をつけることが必要です。それを実現するための方法が先のようなシステム改善です。これによって、教師も主体的に自分の考えをもって発言し、学校経営の中で多様なチャレンジをしていくのです。

主体的で対話的な深い学びを分からない教師が、アクティブ・ラーニングを試みるのが問題

今学校教育には、アクティブ・ラーニングと呼ばれる「主体的で対話的な深い

学び」が求められています。確かにそうした学びはとても重要です。しかし、主体的で対話的な深い学びとは何かを分かっていない教師が、アクティブ・ラーニングをしようとしているところに問題があるのです。私がここまでお話ししてきた、子どもの姿から学び、自分自身の言動を省察し続けることは、まさに教師のアクティブ・ラーニングです。そしてそれをもとに主体的に同僚や地域の人や保護者と関わりながら学校経営に携わっていくことも、教師のアクティブ・ラーニングです。それが分からない教師にアクティブ・ラーニングの授業ができるわけは

ないのです。

アクティブ・ラーニングを言い換えれば、主体的に他者を尊重して学ぶということです。実は本来それがなければ、子どもの学びの本質など成立しません。主体的で他者を尊重するということは、30人いれば30人の学びの方法があるということです。知識に正解や不正解はあっても、学びに正解も不正解もないのです。ですから、真剣に考えてみて分からない子がいれば、「分からない」と言える授業でなければ、アクティブ・ラーニングの授業とは言えません。

実は１９８９年に学力観が転換し「新学力観」が示された時に、すでにこのような質の学びが求められていたのです。ですから、本来ならすでにあらゆる学校でアクティブ・ラーニングをやっていなければいけないはずなのですが、現実にはそんな授業を行っている教師はほんの一握りにすぎません。実際に毎年、異動で大空にやってくる教師たちも古い学力観のままの授業を行っています。そういう面からも教師が一人で学級の子の学びを担うのではなく、学校の教師全員で学校経営に関わり、すべての子に関わっていくことが重要なのです。

今学校には悪しき学校文化の断捨離が必要

私は、読者の方が勤務する学校、あるいは地域・保護者として関わる学校で、もし全教職員での「学校経営」ができていないとすれば、あなたの学校でできていない理由を考えてみてほしいと思います。私は大空にできて他の学校にできないわけはないと思っています。しかし、百歩譲ってその理由を考えるならば、ゼロスタートか、しがらみを引きずっているかの違いだと思います。大空は新設校ではありましたが、そこに集まった教師一人ひとりは悪しき学校文化を引きずっていないわけではありませんでした。しかし学校創設時にそうした悪しき学校文化の断捨離をしたから、しがらみを断ち切り、ゼロスタートができたのです。

今学校には断捨離が必要なのだと思います。それを一人で行うのではなく、周囲の大人全員で行えば怖さもありません。必須条件はみんなで一つのものをつくりあげようとするチームで考えることです。学校には30人、40人の教職員がいます。当然、それぞれがもっている方法は違う。手段も違う。でも目的が一緒であることが重要です。

大空は理念として、「すべての子どもの学習権を保障する」ことからスタートしています。これは公立学校としては当たり前の理念です。それが一致していれば、どんな手段であってもよいのです。学校としての理念、そして子どもにつけるべき力を、すべての教職員が一人のスタッフとして理解できていれば、必ずそれはできます。できていないのは、そこに焦点が当たっていないからです。

繰り返しますが、「すべての子どもの学習権を保障する」というのは、公立学校は必ずもつべき理念です。大空は不登校ゼロの学校が目的でも目標でもありません。それは学校としての大前提なのです。

第4章

そして自ら学ぶ子が育ち、学校が大きく変わる！

大空は、大空に通う子どもたちを主役にした、教職員・保護者・地域も含めた「みんなの学校」です。学校創設時、保護者や地域に学校に入ってもらうようにした時にも、「保護者は受益者じゃないよ」というところからスタートしています。「自分の子どもが学ぶ学校は自分でつくるよ」という考え方ですね。その考え方のもとに学校づくりの一員として参加すれば、何か気に入らないことがあっても学校を攻撃するのではなく、前向きに改善しようと意見を出し合う関係になっていきます。万が一何か学校の取り組みへの異論が保護者から出てきても、「それは文句？　それとも意見？」と学校側も言えるのです。

しかし多くの学校では異論が出ること自体を怖がるあまり、保護者や地域を学校の外へ追いやろうとします。しかし、その結果生まれてくるのは、「校内で何が行われているのだろうか」という疑心暗鬼です。そんな思いが根底にあるから保護者や地域もモンスター化してしまうのです。一つウソをつくと、そのウソを隠すためにウソを積み重ねていくことになるのと同じように、隠そうとするからどんどん隠し続けていかなければならなくなります。

そうではなく、なんでも見せていけばよいし、協力をしてもらえばよいのです。そうして何か間違いが起こったら、何度も言っているように素直に「ごめんなさい」と謝ればよいのです。

そして、「でもまた間違うかも分からへんから、間違えたら教えてな」と子どもにも保護者にも言えばよい。そういう教師に対して親は不信感はもたないものです。全幅の信頼はもらえないかもしれませんが、「あの先生、頼りないから私が教えてやらなあかんな」と言う保護者はいるかもしれません。しかし不信感にはならないのです。「教えてやらな」と言った時、すでに自分事として関わっているわけですから。

しかし親に「頼りない」と言われると、プライドが傷ついて屈辱を感じる教師もたくさんいます。そして「ごめんなさい」とか「ありがとうございます」という言葉は出ても、腹の中では笑っていない教師もいます。そういう考え方がストレスを大きくして爆発してしまうのです。そういう教師に何が足らないかというと、学びがないのです。自分が学べるということは、自分が変わるということです。「先生、頼りないな。これはこうせな」と言われたことを、「ああ、そうか。勉強になったわ」と学びに変えたら自分が変われる。そうすると「めっちゃ得した！」と思えるのです。そう思えない教師は、本当の意味での学びを知らないのです。その学びを知らない教師に、学びを教えられるほど不幸な子どもたちはいないと思います。

発達障害の子どもも一緒に学ぶ大空は、全国学力調査B問題の平均が秋田県よりも高い

保護者も本当の学びを知っているとは言えません。保護者というものは、１００人いれば１００人が自分の子どもの能力を高めたいと思っているでしょう。そのために自分の子だけを見ています。

しかし、自分の子どもの力を高めたいと思うのなら、周囲の子どもたちの力も育てていくことが重要なのです。多様な子どもたちとの関わりの中でこそ、子どもたちは本当に思考する力が育つのですから。

そう言うと、「発達障害の子どもたちと一緒にいて学ぶことができるのだろうか？」と考える保護者もいるでしょうね。

しかし大空では発達障害の子どもも一緒に学んでいて、塾に行っている子が一人しかいないのに、思考力を問う全国学力調査のB問題の平均が秋田県の平均よりも高いのです。

それは多様な子がともに学ぶことで多様な視点を獲得していったり、日々生じるトラブルを学びに変えたりすることができるからです。この多様性こそが思考力を育む上で重要だということを考えていただきたいと思います。

お母さんもお父さんもただ「よい学校へ行かせたい」と漠然と考えるのではなく、本当に子どもにつけたい力は何かと考えてみることが必要です。

大空では小学校卒業の10年後に、多様な国際社会で存分に力を発揮できる人を育てることを目標にしてきました。そのために子どもにつけたい力として、教職員全員で考えて4つの力を出しました。毎日の授業も、学校の空気も、この4つの力を高めるためにあるわけです。

そして、「人を大切にする力」「自分の考えを持つ力」「自分を表現する力」「チャレンジする力」という４つの力を高めるためには、子どもの置かれた環境がまぜこぜで想定外であるほうが、より生きて働く力となるのです。なぜなら均質な子どもたちが揃った中では、想定外の範囲が限られているからです。

そう考えると、子どもに４つの力をつけるために子どもを守っていくということは、多様なまぜこぜな社会を学校につくり、トラブルも含めた多様な体験をさせていくことです。それによって、多様な社会に出ても生き抜く力を育んでいけるのです。

しかし今、多くのお母さんたちが考える子どもを守るというのは、トラブルに巻き込まれないようにすることではないでしょうか。そのために異質なものを排除し、子どもたちの学びがない環境、本当の力がつかない環境をつくろうとしているのです。

そんな場で身につくのは、単なる教科の知識だけです。以前はそうした知識も身につけておけば役に立つと考えられていました。しかし、現在ではそのような知識は転化しないと考えられています。転化しないとは、つまり他のことには使えないということです。

そのように、今後の社会で本当に必要とされる力は何で、それをつけるために必要な学びの環境は何かを考えていかなければならないと思います。

社会の変化が加速している時だからこそ、「お母さんもお父さんも知らなアカン！」と私は思います。それを知ると、家の中でも子どもとの関わり方が違ってくるはずです。

子どもが「4つの力」が大事だと納得して楽しく学べば、保護者は文句を言わない

大空のブレないところは、子どもたちはもちろんのこと、子どもに関わる保護者も地域の大人も、「4つの力」をつけなければ、グローバル化する社会を生きる力を子どもにつけられないと考えているところです。だから地域も、「4つの力」をつけるのだと言うし、すべてとは言いませんが家庭の中でも、「4つの力」が先行しています。当然職員室でも、「4つの力」を守れなければ、自分がスタートラインにも立てないと思っています。そうやって基本的な考え方を共有している結果として「チーム大空」ができるのです。

私たち大空の教師は、大空小学校創設のビジョンを考え、この「4つの力」を

考えて以来、毎日のようにスクールレター等を通じて、保護者や地域の方に発信してきています。ただ一番の発信元は日常の子どもの言葉です。子どもが日常的に「4つの力」と言い、子ども自身がツールとなって家庭や地域に発信しているのです。

子ども自身が「4つの力」が大事だと納得して楽しく学び、文句を言わなかったら保護者は絶対に文句を言いません。もちろんそうなる過程では、子ども自身が「4つの力」を自分のものとして落とし込めるような力を学校が育てることが必要です。そしてその「4つの力」をもとに、多様なものを理解し、納得する力が育っていきます。それができていれば、少々のトラブルは怖くありません。極端に言えば、友達と喧嘩をして殴られたとしても、殴った友達が本当に反省して謝る過程を知っていて、殴られた本人がそれで納得していればよいのです。納得できていれば、家に帰っても「これは大丈夫や」と言います。「お母ちゃんが言うてやろか？」と言っても「要らんことせんといて」と言うのです。

だからこそ、私たち教師のすることは目の前の子どもを見ることなのです。子どもの後ろの保護者を見るからすべての流れが逆に向くのです。「保護者対応は校長の私に任しとき！」と言ってきましたが、正直言えば、管理職が保護者対応をするというのは、私自身は良策だと思っているわけではありません。しかし、管理職以外の教師が「子どもだけを見ていればよいのだ」という安心感を持てることが重要だと思います。一教師は「こんなんやったら、お母ちゃん文句言うかな」「これ解決せぇへんかったら、親がまた起こってくるやろかな」ということを一切考えずに、子どもに向き合うことが大事です。それがなければ、管理職が結果的に「保護者対応します」と言っても意味はないのです。

そして、その子どもたちの学びの場に、保護者も地域の方も参加して、チームで関わっていれば、何かあっても必ず保護者や地域は学校の味方になってくれます。

子どもを教師たちの複数の目で見とることが絶対に大事

とは言え、大空も学校創設当初から、今のような姿であったわけではありません。当初は保護者や地域が行事ばかりか授業の中に入ってくることに、異論を唱える教師もいました。学校に入る保護者や地域の側にも抵抗感はありました。しかし、そういうことを「実は簡単なことなんやね」と思えるような学校にしていくには、リーダーの力が必要です。

リーダーの力と言っても、多くの方が考えるような優秀さとは種類の違うものです。リーダーが本当に自分のすべきことを認識し、自分を変えられるならば、リーダーにいわゆる力はなくてもよいと私は思います。自分自身ができるかできないかはどうでもよいのです。ただし、学校の教職員の中でたった一人違う仕事をするのは校長です。それは責任をとる立場にいるということです。だから、あれやれこれやれと教職員に命令するのではなく、責任をとれる唯一の人間として、「こういうことやと思わへんか？　みんなで一緒にやらへんか？」と大風呂敷を広げるということです。それによって、学校の教職員全員で一緒に取り組むことができる。そして、保護者や地域の方も一緒に取り組むことができるのです。そうやってみんなで子どもを育て、一人の子どもに関わる大人の数が増えれば増えるほど、子どもの学びの機会も増えていきます。

しかし、「みんなで一人の子どもを育てよう」ということが分からない教師がいます。「自分が自分の学級の子どもを育てたらいいんやろ」と考えているのです。ベテランと言われる人であればあるほど、自分の学級で起きたトラブルを自分で解決できたら、それをいちいち他の人に言う必要はないと思っているのです。大空では「たった一つの約束」を破ったら、必ず校長室というやり直しの部屋に自ら行って、やり直しをすることは何度も説明をしてきましたね。その時に特にベテランの中には、「担任である自分の前でやり直しをしたのに、なんでわざわざ校長室に行ってやり直しをせなあかんの？」と思う人がいるのです。さらに言えば、担任の指導を認めてもらえず、いちいち校長のチェックを求めていると思ったりする。つまり、自分を信じていないと思っているわけです。

しかし多くの人が関わるようにするということは、それに関わっている人自体を信じていないということではありません。どんなに教師として優秀であっても、一人の人間の視点は限られています。だから、複数の目で見とることが絶対に大事だということです。やり直しにしても、校長室という別の場所が大事なのであって、校長がいようといまいと関係なく行っています。それは複数の人間が一人の子どものやり直しに関わることが大事だという考え方なのです。

しかし教師の中には過去、自分が経験してきた指導方法に縛られている人がおり、なかなか納得できない場合もあります。けれども私はその教師に対して、納得できずに泣いていても直接的に指導したりはしません。ただ他の教職員に「○○が泣いているみたいやで」と言うのです。それはその教師の気持ちを、大空にいる他の教師たちは理解できるからです。周囲の教職員たちも異動して来た当初、同じことを感じたのです。だから声をかけておけば、必ず誰かが行って新しく異動してきた教師に話をしてくれます。

そう考えながら、自分自身の大空での9年間を思い返してみると、教師に対して自分から「先生、おいで」などと呼んで、個別に気づいたことを言うような関わりはしていませんでした。もちろん教師自身が私の所に来て「これはどうしたらいいでしょうか?」「こんなことで困っているのですが」と問われれば、厳しいことも含めて話をします。しかし、私のほうからいちいち言いには行きません。それは大人も子どももモノではないと思うからです。いちいち言いに行くということは、その人の気づきや変化や成長の可能性を信じていないということでしょう。それは大人でも子どもでも同じことです。きちんと信じて待っていれば、必ず人は気づいて変わろうとし始めます。そうして自ら動き、助けを求めた時に手を出していけばよいのです。それはその人にとって必要感のあるものですから、必ず身になり、後々生きてくるのです。

スキルを与える前に、「ちょうだい」という気持ちを表明できる子を育てる

今、現場にいる教師の素地や基礎をつくったのも小学校時代です。今の大人が自分の言動を根本的に見直さない、謝れないのも、小学校時代の教育の失敗でしょう。しかしその自分たちが経験してきたこと、受けてきた教育の失敗を繰り返さないために、今学校教育を変えていかなければならないと思います。

これまで学びについて何度も説明をしてきましたが、別の言い方をしたら、子どもが「こんなものが欲しいねん」という時に「じゃあ」と与えればよいということです。その「こんなものが欲しい」と必要感をもつ子どもに育てられていな

いのに、一方的に与えられるから子どもは嫌になってしまうのです。大人は子どもが何かができるようになったという結果ばかりを見てしまうので、ついつい変化の分かりやすいスキルを伝えようとしてしまいます。

しかしスキルの前に、「ちょうだい」という気持ちと意思表明ができる子どもを育てること。その気持ちと気持ちの表現という土台を育てた上で「ちょうだい」と言った時に出せるスキルを準備しておけばよいのです。

学校教育はこれまでその「欲しいねん」「ちょうだい」という気持ちを育てないまま、一方的に教科学習のスキルを与えていたりしたわけです。しかしそのスキルが何に使えるか分からないし、「ちょうだい」とも思っていないままで、それを受け入れられるのは大人の空気を読める子です。それに対して「何ができるか分からないのにやらない」という子たちの代表が、今、発達障害とくくられてしまっている子たちです。どっちが学びの核になるかと言えば、後者だと私は思います。「これやるのには、これがあったらええんちゃう？」「これみんなで解決したら面白いんとちゃう」という子が学びを引っ張っていけば、どれだけ学びが広がって深まっていくことか。

ところが今、学校では学びの核になる発達障害の子を排除してしまっています。

それは教師が引いた学びのレールを進む上で足手まといだからです。そんなレールこそ捨てて真摯に子どもの学びに向き合い、子どもを信じて任せてみるような授業をすればよい。「これ、みんなで解決したい！」「どうぞ！」という授業になっていけば、本当に多くの多様な学びがあるのです。

しかし教師は「子どもたちに任せてしまったら、決まった時間内に学習指導要領の内容を終えることができません」と言ったりします。

けれども、本当に子ども自身が学ぶ意味を理解でき、楽しいと思っているならば、一度しっかり学べば必ず残っていきます。一方的に教え込んで、何度も何度も繰り返して練習をさせなくても、しっかりと定着していくのです。子どもたちを信じて任せればよいのです。そのほうが一見時間がかかるように見えますが、実は子どもへの定着の面からしても効率がよかったりするのです。まさに急がば回れです。

子どもたちの主体性に任せて、学びを進める。そして試行錯誤の中で新しい発見をしたら、「すごいな。みんな」と一緒に驚いたり喜んだりすればよい。そうすると、学びの場はワッと盛り上がります。そして必ず子どもたちは「みんな、次もやろうや」と言います。学習効果とか難しいことを言わずに、楽しんで学ぶ子どもたちに任せていけばよいのです。

そのように子どもに任せられるところを任せずに教師が口を出している場面を本当に多く見てきましたが、教師は出番を間違わないことが大事です。私は何も決して教師が教えてはいけないと言っているわけではありません。教えなければならないことや教えるべき時があるということです。それを子どもの姿から見とって、伝えていくことが大事だということです。

教育には終わりはない。「これでいい」と思わないことが重要

悲しいことに、大空で学んだ子は中学校に進学した後、周囲の学校から進学した子たちの言動に不思議さを感じています。大空で一緒に学んだ発達障害の子に対して、「あいつら生きている価値ないんちゃう」みたいなことを平気で言うらしいですからね。それに対して大空の子は「なんでそんな発想になるんやろ」と思っています。多様な個性をもった子と一緒に学んだ経験がある大空の子たちは、大人と同じように発達障害だとひとくくりにして考え、その子の本質を見ようとしない子たちに不思議さと違和感を覚えるのです。

本来学びは純粋なものです。食に例えるなら、多様な食材が揃い、素材のおい

しさが出ていれば十分においしくなります。しかし教育の技法にばかり重きを置き、教材や教育法といった油やドレッシングのようなものを大量に使ったものばかり食べさせられているので、本当においしい素材のよさが分からなくなっているのです。しかしそれが起こるのは、その子たちを育てた大人、その子たちを育てた教師たちがそういう考え方をしていたからです。それを大人自身がふり返ってみなければいけません。

教育には終わりはありません。「これでいい」と思わないことが重要です。自分たちの学校はよい学校だとか、よい教育をしているなどと思ったら終わりです。進化はそこで止まる。止まると溜まって、腐り、泥水になっていきます。「本当に、これでいいのかな」と思いながら子どもの姿を見て、常に学んでいくことが大事です。そのためには、現場にいる大人たちが子どもの姿を一番大事な評価にしなかったら何も分かりません。

それにも関わらず、大阪では今、校長が教員の評価をする時、保護者による教師の授業評価を行っています。評価用のアンケート用紙は教育委員会が一律に用意し、それを学校が渡し、保護者に4段階で評価してもらい、その評価結果をそれぞれの教師に返して自己評価しろと言うのです。保護者に教師の評価ができるわけなどないのに。

ここで私が問題だと言っているのは、保護者が教師の授業を評価するということそのものではありません。正当に評価できるだけの環境が整っていれば、その結果として示されたものを、私たち教師は必ず真摯に受け止めるでしょう。しかし現実にそうではありません。学習指導要領も分からないし、今求められる教育の方向性や授業の意味も分かっていない。ただ基準となるのは、保護者自身が受けた教育と自分の子どもの反応だけです。それだけで正当な評価ができるわけがないにも関わらず、保護者が教師を評価して給与に反映させているのです。教育委員会はまさに安易でつまらないマネジメントに走っていると私は思います。

そんなことをする前に、教育委員会も子どもたちの姿から学ばなければなりません。同じ学校の子どもに対して、「生きる価値ないんちゃう」と言っている子がいるという現実を見るべきです。教育

委員会はそう言い放つような子を育てたいのか。それとも、その子たちの言動に違和感をもつ大空の子のような子どもを育てたいのか。そしてその違いはどこから出てくるのか。教育委員会こそが考えなければならないことだと思います。

絶対に変えることのない理念というものが学校には必要

私は、この本を読んでくださった教職員の方、保護者の方、地域の方に、ぜひこれを機会に学校づくりについて考えてみていただきたいと思います。そして、学校の教職員が保護者や地域の方とともにチームとなって、子どもを育てていく学校づくりを進めていただきたいと思います。そのような学校をつくるためには、学校が明確な理念を示すことが重要です。大空は「すべての子どもの学習権を保障する」という理念を開校時から掲げていますが、これは公立学校としては当然の理念です。おそらく多くの読者が納得してくださるところだと思います。

しかし、全国の学校に教育目標はあっても、理念がある学校はほとんどないでしょう。先日校長研修の場で、70名ほどの小中学校の校長先生に「学校の理念をつくっておられる学校はどれだけありますか？」と尋ねたところ、一人も手が挙りませんでした。教育目標は子どもや地域の実態、社会の要請に応じて毎年変えていってもよいものですが、やはり絶対に変えることのない理念というものが学校には必要だと思います（残念ながら、学校教育目標が何年も変わらない学校があるのも現実なのですが）。そして、この理念がしっかりと地域に根付いていけば、絶対に子どもが主体的に学ぶ学校は滅びることはありません。

私たち教師のうちの多くが務める公立学校は、地域に根ざした学校です。教師は何年かで異動してその地を離れますが、保護者も含め地域の人はずっと残ります。ですから、本当にみんなが学べる学校をつくっていくには、学校に通う子どもが育つ地域という土地をしっかり耕すことが大事です。主体的に学び合う空気が地域にできていれば、学校の子どもたちも自ら学んで育ちます。

しかし、残念なことに校長の中には学校は自分の学校だと思っている人がいます。それは校長の責任というものをはき違えています。言うまでもないことですが、公立学校はそもそも地域の学校なのですから。だからこそずっと変わることのない、変える必要のない理念を定めて、それを実現するという覚悟が教師にも保護者にも地域にもできていくならば、どんな方法で取り組んでも必ずよい学校になるのです。

今いろんな施策が行政から学校に向けて出されます。出されてはくるけれども、それは時代が変われば、また時代に合わせて新たなものが出てきます。それは今後の社会でも続いていくことで、それに踊らされていてはきりがありません。どんな施策が出てきても、すべての子どもが安心して学べる学びの場を保障すれば、子どもは自ら学力を獲得できるのです。その学びの場をどう保障するか。それを考えることこそが学校の優先順位の一番です。全国の公立学校がそれを考えれば、日本の教育は必ずボトムアップします。この重要な議論がなぜか抜け落ちてしまっていると私は感じます。

子どもの事実からスタートするのが学びの基本

私は２０１５年春の退職後、日本の全国各地に招いていただいて、いろんな地域の学校における理不尽な現状を見聞きするにつけ、私が言わなければ誰が言うのだろうかという思いに駆られています。全国にはすべての子どもの学ぶ場を保障するという、公立学校としての当然の使命を全うできていない学校がたくさんあります。それができず、不登校の子がいたり、学級から排除される子がいたりする中では、万が一素晴らしい授業をしていたとしても本末転倒です。

しかし、現実には多くの子どもたちが学校や学級から排除されたまま、今日も授業が行われています。その現実を多くの教師は見ようとしません。その本質を見ると教師自身が困るからです。子どもの事実からスタートするのが学びの基本です。しかし、すべての子どもの事実を見とることは大変だから見ようとしません。それも教師自身が困るからです。

だからこそ、困らないようにするために、教師が一人で勝負をしない学校づくりをすることが重要なのです。学校から排除された子がいる中で、授業をすることは人権侵害も甚だしい。子どもの事実を見ることが、自分一人でできると思っていることは驕りも甚だしい。だから大空では、すべての子どもの学びの場を保障し、すべての子どもの学びの事実を見とるために、教職員はもちろん、保護者も地域の方も一緒に関わる。それをやろうと思い、それができる人間の力は最大限動員するということです。

「みんなの学校」をつくっていけるかいけないかは、「今のままではあかんよな。みんなでやろう」と、するかしないか、それだけです。今全国で「みんなの学校」の自主上映会が行われています。それを見て、「ああ、こんな学校に行かせることができればいいね」と思ってもらえるならうれしいのですが、もしそこで終わっていたら意味がありません。

「なんのために、あの映画が提供されているか」と言うと、すべての子どもが学び合えるような学校づくりの参考にしていただくためです。大空では、大空の地域や子どもの実態に合った形でそれを実現しようとしてきたわけですが、そこから学びの場をつくるためのエッセンスを感じ取っていただいて、あなたの地域に合った形で実現をしていただきたいと思います。それはマニュアルでも技でもなんでもありません。ただ未来を生きる子どもたちすべての学びの場を保障するということに尽きるのです。

教育のプロとして子どもの教育に携わる教師はもちろんのこと、子どもを学校に通わせている保護者の方、地域の一員として子どもを見守っている方、すべての方がこの本を読んで、地域に根ざした「みんなの学校」をつくろうと思ってくださるなら、子どもたちの未来、日本の未来は明るいものになると思います。

学

大人がいつも子どもに寄り添い、子どもに学ぶ！
「みんなの学校」流 自ら学ぶ子の育て方

2016年7月25日　初版第一刷発行

取材／矢ノ浦勝之
写真／横田紋子
デザイン／前村佳恵
イラスト／バーヴ岩下

著　者●木村泰子
販　売●窪　康男
宣　伝●阿部慶輔
制　作●浦城朋子・望月公栄
編　集●塚本英司

発行人●伊藤　護
発行所●株式会社小学館
〒101-8001　東京都千代田区一ツ橋2-3-1
編集 03-3230-5546　販売 03-5281-3555
印刷所●萩原印刷株式会社
製本所●株式会社若林製本工場

造本には十分注意しておりますが、印刷、製本など製造上の不備がございましたら「制作局コールセンター」（フリーダイヤル 0120-336-340）にご連絡ください。
（電話受付は、土・日・祝休日を除く 9：30 ～ 17：30）

ISBN978-4-09-840171-0

そこで日本ロレアルでは、1回目の購入客を次は店舗へ送客できるように工夫しています。例えば、ウェブサイトで購入した顧客の商品パッケージに、店舗で体験できるサービスのクーポンを同梱しています。

このように、うまくいくジャーニーを強化して、短期的に成果へつなげるアプローチがゴールデンパス型の考え方です。

【最適改善型】

「中・長期」×「今までのジャーニー」を組み合わせた型です。

一通りカスタマージャーニーをマッピングした上で、うまくいっている部分と、うまくいっていない部分の両方を、バランスをとりながらベストな形に整えていくやり方です。見直しには少し時間がかかるかもしれませんが、これまでのジャーニーを大きく変えるのではなく、最適な形に整えていくという方向性です。

【Newパス追加型】

「短期」×「新しいジャーニー」を組み合わせ、「新しい接点」を追加していくという取り組みです。

すでに紹介したカーシェアリングサービスのカレコのように、カーシェアリングというサービスが認知されていない層に対して訴求するやり方が一例です。

例えば、カメラコミュニティとカーシェアリングを組み合わせて、車で遠くの山を撮りに行くという、新しいターゲットとジャーニーを追加していきます。既存の枠組みに、これまでになかった顧客体験を新規に追加するアプローチです。

【イノベーティブ型】

この象限は、カスタマージャーニーを根本的に再設計します。「つながり」、「質」、「量」の競争軸を見直し、新しいコンセプトを生み出します。

ＶＡＩＯのジャーニーが、この型の代表的な例になるでしょう。今まで大衆商品であったＰＣのターゲットユーザーを絞り込み、プロフェッショナル向けへと一気に振り切り、フラッグシップモデルとなるハイスペックＰＣを生み出しました。

かつ、ターゲットもインフルエンサーとなる、業界で強い影響力を持つプロフェッショナルやクリエイターに対象をシフト。ユーザーであるインフルエンサーと、新たなつながりを直接つくっていくような、ＢtoＢに近いアプローチをとっています。ＶＡＩＯは、インフルエンサーマーケティングを通じて市場での差別化を図り、従来とは全く異なる位置に、ビジネスをポジショニングしています。

カスタマージャーニーは、大別すると４つの方向性に分けられます。カスタマージャーニーを見直す際には、どの方向が適切かを最初に考えた上でスタートすると、ゴールや取り組む範囲が見えやすくなります。

例で考えよう ―― オンライン旅行サービスの方向性

ここで、オンライン旅行サービスが進むべき方向性を考えてみましょう。従来の航空券・ホテル予約サービスにおいて、最もうまくいっているパスを発見できたとします。例えばハワイ旅行に満足した人は、翌年も旅行先にハワイを選ぶ傾向が強いといったケースが良い例でしょう。その場合は「ゴールデンパス型」を検討して、帰国後に、次回のハワイ旅行のお得なメニューを定期的に案内するなど、パス強化施策が短期的には有効かもしれません。

「Ｎｅｗパス追加型」での可能性も検討してみましょう。これまでになかった旅行中の接点を追加していく考え方です。例えば、レストランの予約サイトと提携して、優先的に人気レストランを予約できるサービスを提供できたらどうでしょうか。新しい顧客接点の創出につながり、顧客満足度を高めてくれる可能性が生まれます。

ステップ2 競争力の高いカスタマージャーニーコンセプトをつくり出す

ほとんどの企業は、なんらかのコミュニケーションコンセプトを持っています。ただし、それは、ユニークさがある、競争力があるという評価とは別のものです。

ユニークで、かつ競争力のある強力なコンセプトを得るために、「つながり」、「質」、「量」のフレームワークを活用しましょう。３つの観点で新しい競争力の軸を検証します。自社のカスタマージャーニーが可視化され、進むべき方向性を見い出すことができると、この質問に答えやすくなります。

「つながり」「質」「量」のフレームワーク

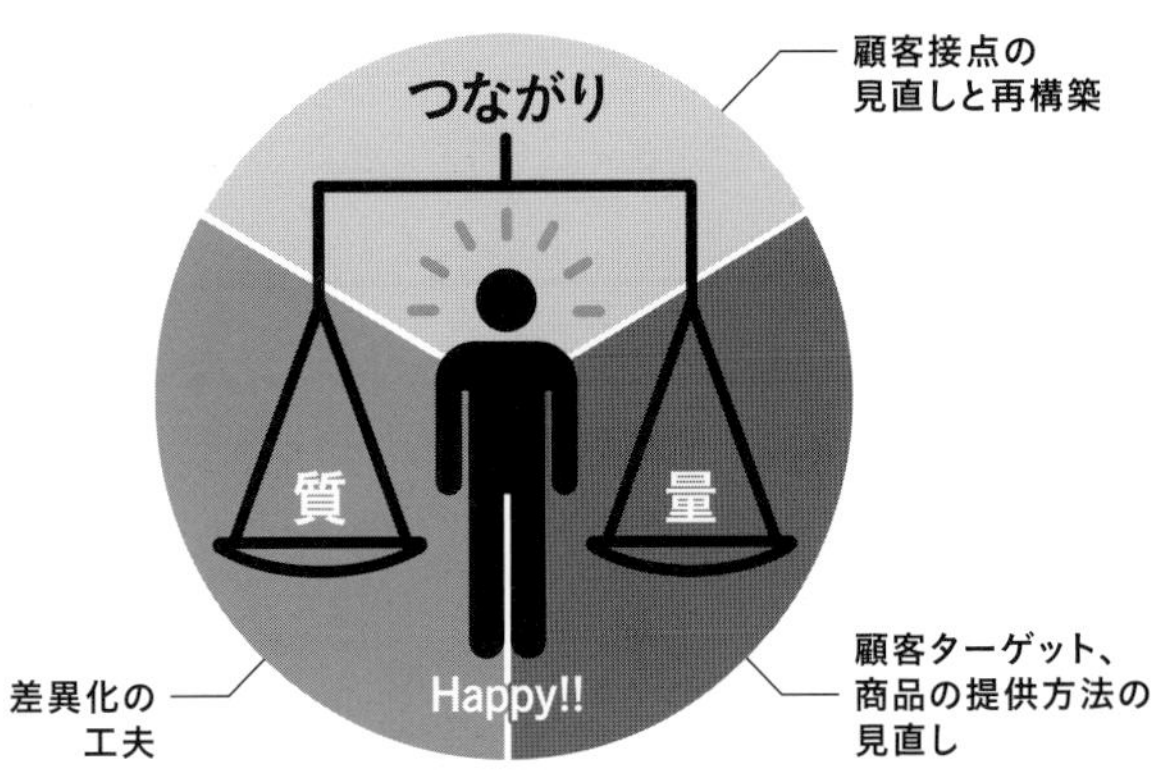

「質の競争軸」

自社の商品・サービスの最大の価値は何か？

「量の競争軸」

最も重要な顧客層は？ その価値を誰に届けると最も有効か？

「つながりの競争軸」

どのような接点や方法でその価値を届けるとベストか？

▼

カスタマージャーニーコンセプト

3つの視点を同時に合わせて考えた場合、
競争力を発揮できるジャーニーコンセプトは何か？

「質」の競争軸 —— 自社の商品やサービスの最大の価値は何ですか。価値の評価軸をズラすことで、優位性は生まれますか。

「量」の競争軸 —— 価値を最も伝えたい顧客はどこに存在しますか。どの顧客層を現在から将来にわたり獲得できると、競争上有利になりますか。

「つながり」の競争軸 —— 明らかにされた価値を、顧客層に対してどのような接点で届けるのが最も効果的ですか。その質と量のバランスを、新たな接点や「つながる技術」を活用することで維持し、よりパーソナルな体験を顧客へ届けられますか。

カスタマージャーニーコンセプト —— 新しい軸の組み合わせを一言で表すと、どのようなコンセプトを形成しますか。

これまでにすでに挙げた、いくつかの企業のジャーニーコンセプトを振り返ってみましょう。

VAIO

「質」の競争軸 —— プロフェッショナル向けのマシンに集中する。

「量」の競争軸 —— プロフェッショナルクリエイター2000人とそのフォロワーを獲得する。

「つながり」の競争軸　――　クリエイターと直接つながる。

カスタマージャーニーコンセプト　――　プロクリエイターを軸にしたインフルエンサーモデル。

モスフードサービス

「質」の競争軸　――　産地を明記した質の高い食材を提供。

「量」の競争軸　――　質と安全にこだわるお客さまに集中する。

「つながり」の競争軸　――　店舗に加えて、財布の中のモスカードや、体験型のイベントを強化。

カスタマージャーニーコンセプト　――　デジタル活用における日常接点の増強と、体験型イベントによる心のつながりの両方を創出。

キッザニア

「質」の競争軸　――　ユニークな職業体験の提供。

「量」の競争軸　――　３～４歳、中学生までを中心とする。

「つながり」の競争軸 ――「学ぶ場」としてのキッザニア。

カスタマージャーニーコンセプト ――「お客さまが学び、成長していく」というジャーニー。

例で考えよう ―― オンライン旅行サービスの新コンセプト

先ほどの旅行サービスを例にとって、新しいコンセプトを見い出してみます。従来のコンセプトや価値は、「ベストな価格で航空券・ホテル予約を提供する」というものだったので、顧客の旅行中という重要な接点まではカバーしていませんでした。従来のコンセプトを3つの視点で見直してみます。

「質」の競争軸 ―― サービス提供者と利用者のマッチング技術。

「量」の競争軸 ―― 日本からの海外旅行者。

「つながり」の競争軸 ―― 旅行前、旅行中、旅行後の全ての接点。

カスタマージャーニーコンセプト ―― ベストな価格と最良の旅行体験を提供する「トラベルパートナー」。

得意とするマッチング技術を用いれば、価格の安さが訴求のポイントとなる競争を抜け出すことができます。旅行先で顧客の要望に合わせたレストランの提案や、移動手段の割引サービスを提供し、旅行体験全体をより良いものにできる可能性も広がります。旅行というシーンにおいて、「トラベルパートナー」という立ち位置で、サービスを進化させる可能性が見えてきます。

ステップ3　新しいカスタマージャーニーを描く

ステップ3では、現在のジャーニーから発見した機会とリスク、進むべき方向性、見い出したコンセプトに基づいて、カスタマージャーニーを強化する方法を検討します。

例で考えよう　――　オンライン旅行サービスの新ジャーニー

オンライン旅行サービスの強化できる部分を検討していきましょう。方向性は「New

パス追加型」に設定します。コンセプトは「トラベルパートナー」です。

この観点で、どのような競争力を引き出すことができるのでしょうか。まず、ステージごとに考えていくとわかりやすくなります。旅行前であれば、ベストなプライス提示と、使いやすい検索サイトの提供という価値でしょう。旅行中であれば、人気の高さや好みに合ったレスランを提案できる、安全でリーズナブルな移動手段をガイドできるといったサービスは、ひとつの価値でしょう。

旅行後であれば、旅先で撮った写真をアルバムにまとめるサービスとの連携があっても良いかもしれません。次回行きたい旅行先を聞き出し、その国や都市の情報を中心に案内するフォローアップ・プログラムも有効そうです。

旅行前、旅行中、旅行後という異なるステージごとにジャーニーを眺めてみると、自社のサービスで価値を提供するチャンスや機会が無数に広がります。他社と比べた場合に、どこで競争に勝てるのかという観点や、価値を生む接点の存在を発見できます。

自社のジャーニーを振り返り、現実的に強化できる接点やポイントを検討してみましょう。作成したジャーニーを手元に置いて、次の質問に答えてみてください。

商品・価値

・競合に先を越されると、顧客を奪われてしまうようなサービスは何でしょうか。自社の価値は、ジャーニーを通じて十分に伝わっていますか。
・バラバラのサービスをひとつにコーディネートすることで、サービスや製品の価値は高まりますか。
・他社とのコラボレーションによって、ジャーニーの価値を高める方法や可能性はありますか。

顧客

・顧客に対する理解は足りていますか。それを深める効果的な方法はありますか。最も重要な顧客を見逃していませんか。

接点

・重要な顧客接点で、見逃しているポイントはありませんか。

・大きなコストや労力をかけずとも、接点を強化する方法はありますか。旅行における「海外旅行保険への加入」など、顧客行動が必ず発生する製品やサービスをクロスセルする機会はありますか。

ステップ4 最新技術、マーケティングオートメーションでカスタマージャーニーを強化する

最後のステップでは、マーケティングオートメーションを取り入れ、カスタマージャーニー上の顧客体験を向上していく方法を紹介します。

マーケティングオートメーションとは、特定の顧客接点におけるコミュニケーションをプログラム化し、自動化していくテクノロジーです。顧客の属性や、行動、予め設定しておいたスケジュールに応じて、自動的にシナリオを動かしていく仕組みです。一人ひとりに合ったコンテンツを適切なタイミングで、また、適切なチャネルで届けることが

できます。

消費者を対象にしたＢtoＣのビジネスを例に挙げます。通販サイトのショッピングカートに商品が放置されたままになっているとしましょう。企業は設定したタイミングで、「買い忘れはありませんか？」という内容のリマインドメールを顧客へ送付。売上損失の機会を減らし、購入の確立を高めます。

特定の商品を購入したお客さまには、即座にお礼メールを配信。購入された商品と似たカテゴリのお勧め商品を案内することで、次回の購入をうながします。顧客属性に基づいたお得なキャンペーン情報を、ＬＩＮＥで自動送信することも可能です。

マーケティングオートメーションは、オンラインとオフラインを連動させた体験もつくり出すことができます。店舗の近くへ来たお客さまに向けて、スマートフォンのアプリ経由でお得なクーポンを自動配信するなど、様々な接点のコミュニケーションを自動化します。

マーケティングオートメーション プログラムの例

複数の顧客接点やプログラムを組み合わせて、顧客一人ひとりに合わせたカスタマージャーニーを実現しましょう。顧客接点の最初から、関係を開始して構築、そして離れてしまった顧客との関係を再構築するための、マーケティングオートメーション プログラムの例です。

コンタクト情報の取得 体系的な方法で顧客を獲得し、登録メンバーを増やす	
Web オプトイン	オンラインで氏名、メールアドレスを取得し、ウェルカムメッセージを自動送信する
ソーシャルオプトイン	Facebook に設置した登録フォームより、顧客データを収集。FacebookやTwitterを有効なクロスチャネルプロモーションとして活用する
LINE オプトイン	LINE の公式アカウントや、実店舗の QR コードで友達登録をうながし、新規にLINEの友達を獲得する

最初の関係構築 顧客の基本情報を取得し、最初のコンタクトで好印象を与える	
ウェルカムプログラム	予め決めたシナリオで、登録ユーザーに多段階のメールを配信。登録ユーザーの情報を段階的に取得して、顧客の理解を進める
モバイル オンボーディング	LINE や ショートメッセージでアプローチして、段階的に情報を取得。メールアプローチと同様に、モバイルチャネルでも顧客を理解する情報を収集する

有効な顧客接点を最大限に活用 顧客の嗜好や行動、重要な瞬間に合わせて自動化したプログラムで顧客との関係を築く	
記念日	初回購入日や、メンバー登録日を記念日として、感謝のメッセージを毎年送信。顧客との関係を築く
誕生日	誕生日の 2 週間前になったら、メンバーのウィッシュリストを家族や友人とシェア可能にする。誕生日当日には、特典を盛り込んだバースデーメッセージを送信する
カート放棄	オンラインのカートに商品を入れたまま放棄している顧客へ、買い忘れの確認をうながすメッセージを自動送信。さらに購入を後押しする特典を提供することで、購入の確度を高める
ジオターゲティング	顧客が意図した場所や店舗の近くに来た際に、位置情報を取得して、限定クーポンや案内を送る

購入後フォロー	商品購入後にポイントを付与したり、クーポンを案内することで、2回目、3回目のスムーズな購入をうながす
Web閲覧データによるリターゲティング	ウェブサイトの閲覧履歴を活用して、ウェブに表示する内容や配信メールの内容をパーソナライズ。興味のある関連製品を自動的に案内する
在庫アラート	商品在庫が店舗にない場合、顧客はほかの店に流れていってしまう。在庫アラートに登録してもらうことで、入荷タイミングをタイムリーにお知らせして、顧客に戻ってきてもらうことが可能
パーソナライズニュースレター	登録メンバーの嗜好や行動に合わせて、コンテンツが自動的にパーソナライズされたニュースレターを配信する
ウイッシュリスト	誕生日や祝祭日は、与え合うイベント。顧客にオンラインのウイッシュリストを作成できるようにして、家族や友人へのシェアをうながす
ロイヤリティ	新規顧客の獲得単価は高額なため、既存顧客から利益を上げる方法はとても重要。購入金額やロイヤリティのランクに応じた特典を案内して、本当にブランドロイヤルな顧客と関係性をつくる
プロモーション	一括処理のプロモーションはもはや機能しない。一人ひとりの好みや行動に合ったプロモーションを送る
パーソナルCRM広告	CRMデータを活用して、広告にも個人の嗜好を反映。FacebookやTwitter、そのほかの外部メディアを使って、一人ひとりに最適な広告を配信する
クロスチャネル	ウェブサイトで取得したデータをメールやLINEなどでも活用。行動や嗜好に合わせてクロスチャネルのコンテンツに統一性を持たせる

関係の再構築
離れてしまった顧客を特定し、再度関係を構築する

再アプローチ	長期にわたって購買がないメンバーへ働きかける。購買促進として、相手の好みに合わせた特典を用意し、関係を再構築
ウインバック	企業側から積極的にメッセージを発信し、価値を改めてアピール。顧客が興味を失った理由を把握して、これ以上コンタクトを望まない人を特定する

これまでに描いたカスタマージャーニーマップをもとに、有効ないくつかのポイントを自動化しましょう。マーケティングオートメーションの活用で、描いた複数のシナリオを瞬時に評価して、有効に機能するシナリオを短期間で発見できます。つまりゴールデンパスを見つける労力を下げ、最適化へのスピードが上がります。マーケティングオートメーションは、全てのカスタマージャーニーのステージで適応が可能なため、顧客接点が強化されていきます。

顧客接点のステージに合わせて、２４８〜２４９ページに代表的なマーケティングオートメーションのプログラムをまとめました。自社の顧客にとって、最も価値を感じてもらえる瞬間を振り返り、その接点の自動化を検討しましょう。

マーケティングオートメーションは、企業を対象にしたB to Bのシーンでも有効に機能します。直接入電、ウェブサイト、メールでの問い合わせやイベントなど、複数の顧客接点で獲得した見込み客の情報や行動情報を、企業に所属する個人に関連づけて管理。商談成立の見込みが高いのか、低いのかを自動的に判断します。

BtoCとBtoB マーケティングオートメーションの違い

| カスタマージャーニー全体の有効な接点を自動化する。|

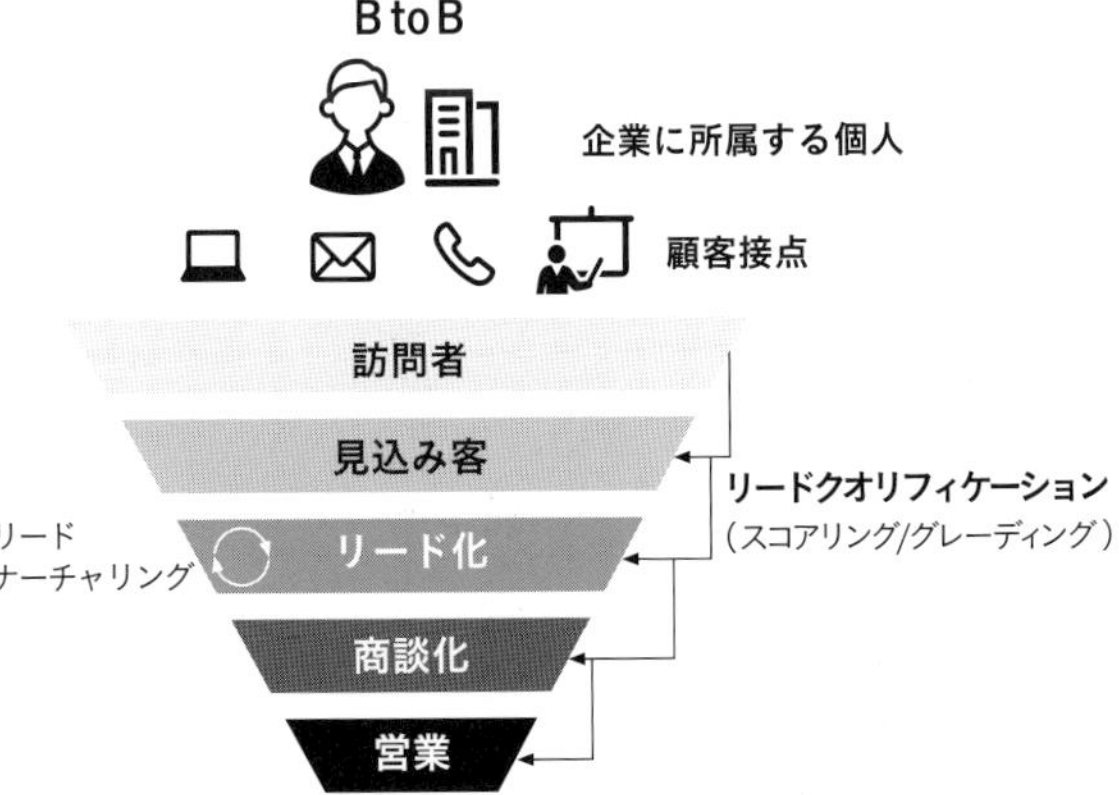

| セールスファネルを効率的に次へ進めるためのコミュニケーションを自動化する。|

見込み度が低い場合にはシナリオベースのメールを段階的に配信し、購入意向を高める施策を実施します。見込み度が高いと判断できる場合には、営業担当へのリード（見込み顧客）引き渡しを行っていきます。

例えば、キャンペーンやイベントでリードを獲得したとします。その後、そのリードはウェブサイト上で資料請求を行い、メールを開封するなど、なんらかのアクションを起こします。マーケティングオートメーションは、顧客の行動をきっかけに、リードを段階的に評価。予め決めておいたシナリオに基づいて、一人ひとりに適したプログラムを走らせていきます。

少ないマーケターで効率的に獲得したリードを、次の商談獲得に近い段階まで押し上げる。BtoBのマーケティングオートメーションは、マーケティングと営業を効率的につなぐ手段となっています。

BtoCとBtoBのマーケティングオートメーションの位置づけを整理すると、251ページの図のようになり、役割が異なることがわかります。

マーケティングオートメーションを採用するには、有効なテクノロジーの選択が欠かせません。部署や業務、接点ごとに散らばった顧客情報やデータを一元的に管理でき、複雑化する多様なチャネルやデバイスに対応している必要があります。もちろん、ツール上でカスタマージャーニーを描き、実行することができるトータルな機能を持つ最新テクノロジーであることが求められます。

テクノロジーの例として、セールスフォース マーケティングクラウド (Salesforce Marketing Cloud) を紹介しましょう。カスタマージャーニーの実行に必要とされる全ての機能を持ち、柔軟に顧客体験を発展させることができるテクノロジーの集まりです。

店舗やウェブサイト、メールやソーシャルメディアなど、複数の接点で保有する自社の顧客データを一元化。どのチャネルやデバイスからでも統一されたコミュニケーションが可能になります。

顧客データと行動データ、複数の接点を組み合わせ、視覚的にカスタマージャーニーを作成します。一人ひとりに最適なコミュニケーションを届けられ、最良の顧客体験を生み出すことを目的につくられています。

Salesforce Marketing Cloud の操作画面

顧客データの一元化管理画面

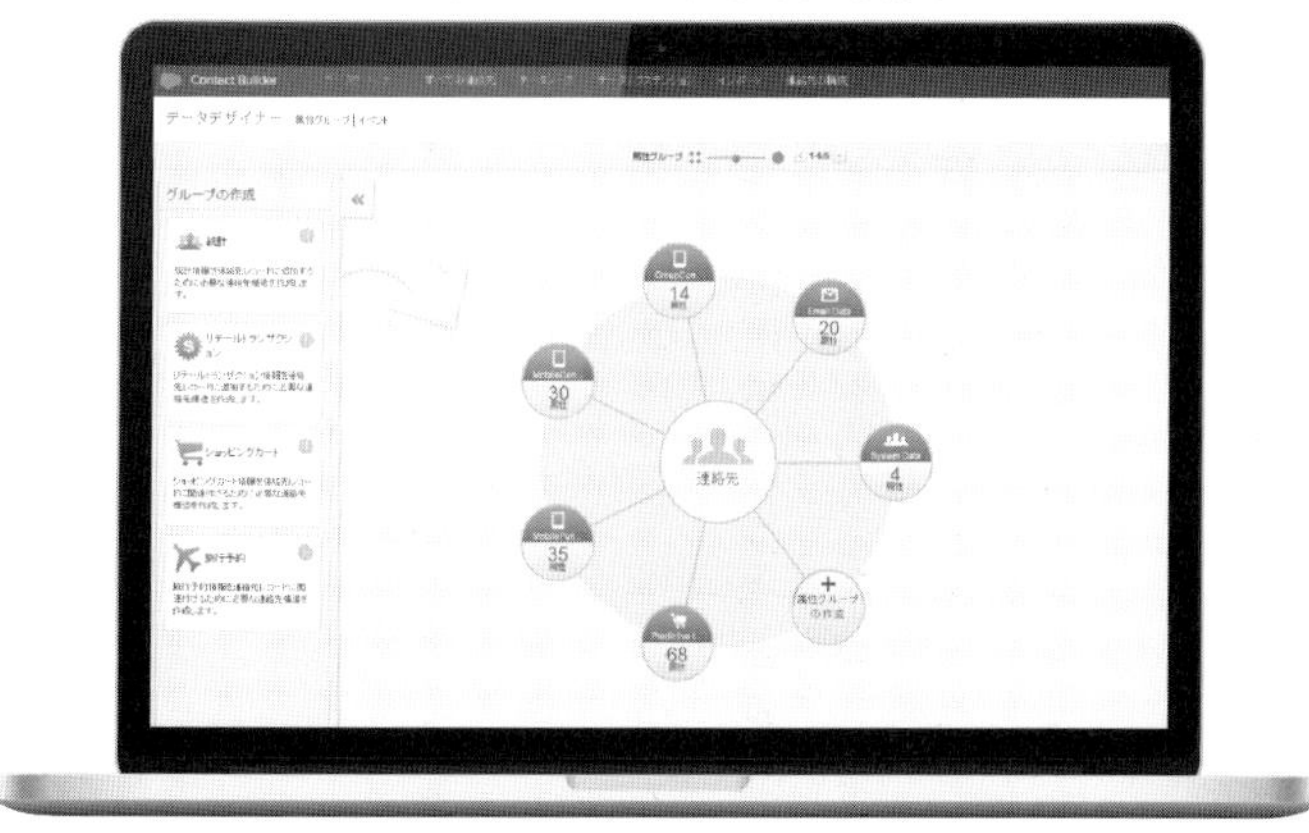

カスタマージャーニー設計画面

メール、ウェブサイト、SNS、LINEなど、
デジタルチャネルのカスタマージャーニーを自動化。

海外・国内合わせて1万社以上が活用しているマーケティングクラウドのテクノロジーを、用途に応じて検討してみてください。

カスタマージャーニーは価値交換の連続

競争優位なカスタマージャーニーをつくる4つのステップを振り返ってみましょう。現在のジャーニーを可視化して、4象限で進むべき方向性を明らかにする。方向性を反映した新たなジャーニーのコンセプトを見い出して、競争に勝つ方法を検討する。発見したリスクや機会を反映し、ジャーニーを新しく描き直す。最終的にはマーケティングオートメーションの自動化プログラムを適用することにより、顧客体験を強化するという4つのステップです。

プロセス全体を通じて重要になるのが、企業や製品の価値を顧客の視点から引き出すことです。「顧客にとって価値のあるサービスや製品を、接点ごとに提供できているのか」、という問いに答え続けることが必要です。自社の競争力＝顧客にとってのユニークな価値を、カスタマージャーニー上の様々な顧客接点で届けることができると、顧客との関係性が強化されていきます。対価としての金銭だけではなく、信頼や口コミ、応援など、かけがえのない価値を顧客からは提供してもらえるはずです。

これまで機能していなかった、分断されていたジャーニーが改善されれば、他社との競争において、より優位な状態に立てるようになるはずです。

4つのステップを通じて、自社ならではの独自なカスタマージャーニーを導き出しましょう。

この章のまとめ

カスタマージャーニーを描き始めることで、新しい戦い方のルールが見えてくる。

- ４象限で進むべき方向性を明らかにする。
- 競争軸を検討して、新コンセプトを打ち出す。
- ジャーニーを描き直して改善する。
- マーケティングオートメーションで、顧客体験を強化する。

おわりに

本書を書きあげる過程で、カスタマージャーニーの考え方や組み立て方について、外部での講演を重ねてきました。セミナーに参加された皆さまからは、たくさんの質問が寄せられます。その大半は、どうすれば「顧客視点を持つことができるのか」、というビジネスの現場における真剣な課題です。

話を聞くと、ほとんどの会社が顧客接点を包括的に可視化して、それを社内で共有化する仕組みや文化を持つところまではいたっていません。単発のマーケティング施策やキャンペーン展開で、各部門の目標達成を目指すスタイルをとっている、プロダクトアウト発想の企業はまだまだ多いのです。

本書で解説指摘している「スマート化」、「コモディティ化」、「人口減少」のように、顧客を取り巻く環境は、日々変化しています。企業にとっては、顧客がどこにいて、何を感じているのかが見えづらくなりました。顧客の価値観は多様化して、接点の複雑化が進みます。顧客に起こっている変化を正しく理解していかなければ、「顧客が価値を受け取りたい形」と、「自社が価値を提供する形」の間に生じる「ズレ」は大きくなる一方です。近視眼的な差別化や、ターゲットの変更、単発的な新しいチャネルの利用に取り組んでも、その「ズレ」は解決しません。

変わり続ける顧客との関係。今の時代にマッチした、顧客とのつながり方が求められています。

本書のテーマであるカスタマージャーニーとは、企業が置かれている状況の変化を加味して、企業都合ではなく、お客さま視点で企業のあり方を見直すという考え方です。お客さま視点とは、相手の立場になって感受性を高め、これをされたら嬉しいとか、嫌だろうなという気持ちを理解する努力です。商品の売り方、メッセージの届け方、接点のつくり方、マーケティング戦略、営業やサービスも、全てがカスタマージャーニーに関わってきます。カスタマージャーニーは決して新しいアプローチではなく、商売やビジネスの原点に回帰するコンセプトなのです。

これまでと異なるのは、顧客の変化を理解して、顧客接点を「今の時代」のやり方で、再設計することを求められているという点です。そのためには、本書で紹介した30社の取り組みを参考に、複数の課題を同時に解決する方法を検討してみてください。顧客のライフサイクルステージにおいて、提供できる価値を見直して確認する作業が重要になってきます。まずは、新しい競争力を形作るためにも、自社のカスタマージャーニーを描き出すところから始めてみましょう。最初から完璧なものをつくる必要はありません。まずは描いてみることが大切です。カスタマージャーニーを描いて、修正を重ねていけば、自社の課題や可能性が見えてくるはずです。

企業の都合ではなく、お客さま視点で魅力的なブランド体験をつくり出す。私は、その重要な役割は、各企業でマーケティングに携わるマーケターの手に委ねられていると考えています。日々の企業活動において、様々な顧客接点の最前線にいるマーケターの皆さん、これからも社内でのリーダーシップを発揮してください。

本書を書きあげる上で、JAPAN CMO CLUBの皆さまには大変多くのご協力を賜りました。この場を借りてお礼を申し上げます。皆さま、本当にありがとうございました。これからも日本のマーケターの集合知を進化させ、新しいコラボレーションを生み出しましょう。

最後に、読者の皆さまから、カスタマージャーニーの改革に取り組んだ事例が生まれましたら、ぜひご意見をお寄せください。皆さまが提供する「顧客体験」には、次のステージが待っています。本書が、顧客視点のマーケティングを実現する一助となることを願っています。

JAPAN CMO CLUB CMO　加藤希尊
The Customer Journey 事務局
www.advertimes.com/special/cmoclub/

The Customer Journey
「選ばれるブランド」になるマーケティングの新技法を大解説

発行日　2016年4月15日　初版
2017年7月20日　4刷

著者　加藤希尊
発行者　東英弥
発行所　株式会社宣伝会議
〒107-8550　東京都港区南青山3-11-13
TEL：03-3475-3010（代表）
http://www.sendenkaigi.com
装丁・デザイン　参画社

ISBN 978-4-88335-342-2 C2063

Printed in Japan